别让孩子输在品格上

于秀 著

新世界出版社
NEW WORLD PRESS

目录

一、培养孩子坚强、勇敢的品格 /1

缺失勇气,会让孩子无法直面生活中的挑战,面对残酷的竞争,这样的孩子不仅会成为时代的逃避者,更会成为自己人生的失败者。因此,培养孩子坚强、勇敢的品格,必须从孩子的婴儿期做起。

(一)孩子的脆弱、胆怯、拒绝社会是怎么来的? /2

(二)对孩子坚强与勇敢的品格教育,应该从婴儿期就开始了 /5

二、培养孩子有担当、有责任感的品格 /13

有些父母长期忽视对孩子责任感的教育,使得孩子渐渐失去了责任意识,逃避责任,不敢担当,做错了事情不肯承认,自私、撒谎……事实证明,培养孩子的责任意识,加强他们的责任教育已经刻不容缓。

(一)药家鑫案给了我们什么启示? /14

(二)培育孩子有担当、有责任感的品格要从放手开始 /16

三、培养孩子坚持、执着的品格 /25

懂得坚持和执着,才能获得更有价值的人生。鼓励我们的孩子,培养孩子坚持、执着的品质,孩子才能更积极地面对生活中的各种挑战。

(一)坚持、执着会给孩子的人生带来什么？ /26

(二)鼓励、引导孩子从小养成坚持、执着的习惯 /31

四、培养孩子乐观、大气的品格 /35

孩子乐观、大气的品格来源于父母的榜样作用。父母乐观,孩子就乐观。但是,为什么还有如此多的中国孩子悲观、抑郁？给孩子一个快乐的家庭氛围,同时让他们懂得管理自己的情绪,养成乐观、大气的品格,已成为中国父母的当务之急。

(一)孩子为什么不快乐？ /36

(二)快乐的家庭、快乐的父母才能造就乐观、大气的孩子 /40

五、培养孩子控制情绪的品格 /49

如果孩子不从小养成管理情绪的习惯,掌握控制情绪的方法,就会在生活中遇上很多难题,在成长中遇到很多麻烦。

(一)学会控制自我的情绪对孩子的成长有哪些好处？ /50

(二)如何让孩子学会自我情绪控制与管理？ /52

六、培养孩子尊重他人的品格 /65

孩子每次都形单影只,显得与他人格格不入。父母想过使孩子变得如此孤僻、不合群的原因吗？也许,您的孩子还不懂得尊重他人,最终让自己落了单。培养孩子尊重他人的品格,就是教孩子认识这个社会的第一步。

(一)为什么现在有许多孩子患上"社会不适应症"？ /66

(二)父母如何引导孩子学会尊重他人？ /69

七、培养孩子尊重劳动的品格 /75

我们从小就受到这样的教育:"劳动最光荣。"但是,如何让孩子理解这句话,如何让孩子尊重别人的劳动,尊重别人的劳动成果,父母就需要下功夫了:要让孩子尊重劳动,首先要让孩子爱上劳动。

(一)劳动是什么? /76

(二)如何让孩子喜欢上劳动? /79

八、培养孩子仁慈、善良的品格 /89

为什么我们的孩子长大了,善念和仁慈反而更少了呢?要培养孩子仁慈、善良的品格,父母首先要起好带头作用,因为孩子仁慈品格的养成常常来源于父母的引导和行为影响。

(一)现在的孩子怎么了? /90

(二)如何培养孩子仁慈、善良的品格? /93

九、培养孩子懂得爱、付出爱的品格 /101

对于孩子来说,懂得爱、付出爱是一种重要的品格。要让孩子懂得爱,父母要常常在他们的身边,表达出爱意,让孩子获得最真实,也是最温暖的爱的感受。

(一)爱是什么? /102

(二)你的爱要让别人知道 /107

十、培养孩子热爱学习、喜欢求知的品格 /115

每个孩子都是带着很多问题来到这个世界上的,求知欲几乎是与生俱来的。因此,父母培养孩子热爱学习、喜欢求知的兴趣,应该从孩子对事物本身的兴趣、好奇心入手,激发孩子内心对知识的向往。

(一)孩子为什么不喜欢学习? /116

(二)如何让孩子爱上学习? /119

十一、培养孩子喜欢运动、养成运动习惯的品格 /129

与西方孩子相比,中国孩子的体质往往要差一些。究其原因,就是由于大部分中国的家长只注重孩子的学习成绩,而忽略了培养孩子爱运动的品格。父母要懂得,让孩子爱上运动,锻炼出健康的体魄,才能让孩子每天精神饱满地面对学习。

(一)现在的孩子为什么体质差? /130

(二)如何让孩子养成爱运动的品格与习惯? /132

十二、培养孩子热爱生命、追求梦想的品格 /145

热爱生命、追求梦想的品格,是孩子人生的基石,只有基石打得牢,人生才能够取得成功。父母要让孩子懂得爱是生命的真谛,懂得享受生活的点点滴滴,懂得正确看待失败和挫折。

(一)孩子们为什么这么脆弱? /146

(二)热爱生命、追求梦想的品格,是孩子成功人生的基石 /148

十三、培养孩子正向思维、自我肯定的品格 /165

当孩子遇到失败和挫折时,要想让他们尽快摆脱消极和沮丧的负面情绪,最有效、最彻底的方法就是培养他们的正向思维,让他们懂得在日常学习和生活中肯定自己。

(一)什么是正向思维? /166

(二)正向思维会给我们带来哪些改变? /167

十四、培养孩子勇于尝试、敢于创新的品格　/175

勇于尝试、敢于创新的品格在孩子小的时候已经初露端倪。父母们所要做的是将孩子的创造力激发出来,这就要求父母在生活中做到宽容与包容,容忍孩子做一些出格的事情,鼓励孩子的小发明、小创造。

（一）中国孩子的创造力在哪里？　/176

（二）如何培养孩子的创造力？　/183

后　记　/189

培养孩子坚强、勇敢的品格

> 缺失勇气,会让孩子无法直面生活中的挑战,面对残酷的竞争,这样的孩子不仅会成为时代的逃避者,更会成为自己人生的失败者。因此,培养孩子坚强、勇敢的品格,必须从孩子的婴儿期做起。

（一）孩子的脆弱、胆怯、拒绝社会是怎么来的？

我从1999年开始对中国孩子的成长、成才进行研究、观察，时至今日在对几千例孩子成长教育的个案分析中，我发现现在的孩子普遍存在着脆弱、怯懦甚至软弱的品格。最突出的特征，便是有不少孩子在长大成人以后，面临激烈残酷的社会竞争，选择的不是勇敢、坚强地面对，而是逃避、放弃抑或随波逐流。在当下的社会中越来越庞大的"啃老"大军中，有很多这样的孩子。

家住北京的马波是一位26岁的大学毕业生，当他的妈妈带他找到我做心理辅导时，他已经在家"啃老"四年多了。因为大学毕业后找工作屡屡受挫，也因为吃不了上班族朝九晚五的苦，马波索性回到父母身边，泰然自若地做起了"啃老族"。他的父母只是一般的工薪阶层，并且都已退休，在父母微薄的养老金的供养下，年轻力壮，又受过高等教育的马波，过着白天睡觉、晚上通宵玩电脑游戏的安逸日子。24岁时，马波通过网络找到了一位女友，两人很快就举行了婚礼。马波的女友同样是大学毕业，在马波的影响下，结婚伊始便辞去了工作，跟马波一起在父母家"啃老"，两个年轻人的生活，让马波的父母不堪重负。

在这种情况下，马波的妈妈找到了我，希望我能跟他的儿子谈谈，看看这孩子的问题到底是出在哪儿了？

跟马波一接触我就发现，这个26岁的已为人夫而且即将为人父的大小伙子，有着一脸与他的年龄不相称的腼腆、羞涩，甚至有些胆怯。这个在妈妈嘴里从小到大一直乖顺、听话的年轻人，在谈到未来时却一脸的茫然，那些他这个年龄应有的朝气与壮志，在他身上没有丝毫的体现。

他坦言"啃老"并不是他所情愿，实属被逼无奈。他抱怨求职时屡屡受挫，用人单位的挑剔也让他难以忍受，他指责现在公司的老板都对人苛刻，业绩压力让他不堪承受，同事之间也相互猜疑利用，这种工作环境让他想起上班这件事就有恐惧感，所以，他宁肯在家粗茶淡饭，也不愿意再踏上社会半步。

至于他新婚的妻子也辞了工作回家"啃老"这件事情，马波是这样解释的：妻子在单位也遭遇了不少挫折，同事之间相处得非常不愉快，妻子说了，他一个男人都可以不上班在家安心"啃老"，她一个女人嫁了老公，就更不需要再上班打拼了，还是在家里"啃老"比较有安全感。

两个已成年的年轻人，在走进了婚姻，组建了家庭之后，考虑的不是如何参与社会竞争，为自己未来的生活开辟一片天地，而是偷懒逃避成为了铁杆的"啃老"一族，这样的案例不能不让人唏嘘感叹。更令人不安的是，像马波夫妇这样的个案，在我们的身边并不在少数，而且还有增多的趋势。

和马波的妈妈谈起马波的成长经历，她坦言同许多的独生子女家庭一样，她和丈夫虽然是生活并不富裕的工薪阶层，但他们也在竭尽所能尽量保障儿子的生活品质。儿子上中学的时候，为了让儿子能跟其他同学一样穿上限量版的名牌运动鞋，两口子曾经一个月内只吃咸菜喝粥，省下了一千多元钱给儿子买了双运动鞋。

可就是这样辛辛苦苦养大的儿子，成年以后却成了这副样子，这让马波的父母想起来就愁肠百结，不知该去怨谁。

实际上在马波妈妈的描述下，我已经初步看到了马波的成长轨迹。从小乖顺、听话，从不惹是生非的马波，是父母老师眼里公认的好孩子，学习还算努力，还顺利地考进了大学。所有的人都认为这孩子没问题，却不知马波的内在品格却存在着教育上的严重缺失。人们只看到了他的乖顺、听话，却忽视了他的个性与思考能力的培养；人们只看到了他学习还不错，考上大学没问题，却忽视了他是否拥有坚强而勇敢的品格。

而正是这些能力与品格的缺失，让他即使接受了不错的学校教育，却无法直面社会，参与竞争，最终成为时代的一个逃避者，也成为自己人生的失败者，至少目前看是这样的。

坦白说，像马波这样的成长经历，在现如今的中国家庭里简直是太普遍了，几乎每个孩子都是这样成长起来的，由父母包办一切，大到买房装修，小到袜子内裤，这一切孩子不需要费丝毫气力，全都由父母操办。作为回报，父母要求孩子从小就要乖顺、听话，好好学习，一切以学习成绩为考量标准。听话，考得好的孩子是每位父母心头的骄傲与欣慰，而有点调皮多动，学习成绩再稍有点儿不尽如人意的孩子，便成为父母心中的"痛"。

正是这样的教育环境，塑造出了马波这样的孩子，也让中国的父母倍感困惑："我为孩子付出了全部，为什么孩子还是很难有成功的人生？"

面对父母们的困惑，我唯一的解释便是："也许你在孩子的成长中，只重视了对孩子进行的生存技能的教育，却忽视了能够让孩子独立、成熟，成为一个真正的人的品格教育，也就是孩子的人格与品质的教育。这种教育是对孩子灵魂的教育，它可能无法用分数考量，却是一个孩子面对社会压力与竞争的承受力反应，更是孩子面对挫折时的选择。"

其中坚强与勇敢的品格，当是孩子成长中最不可缺少的一种品质，具备这种品格的孩子，当他独自面对社会时，你不必担心他会成为挫折的逃兵，更不必担心他被失败击倒。他会因为拥有坚强的意志和强烈的征服欲，而对挫折愈挫愈勇；因为勇敢，他能坦然接受失败，不会气馁。这样的孩子，你还用为他的生存担心吗？你还怀疑他的未来吗？成功对他来说难道不是迟早的事儿吗？

(二) 对孩子坚强与勇敢的品格教育，应该从婴儿期就开始了

很多父母问我，我们也知道孩子品格教育的重要，可是这种教育应该在什么阶段开始呢？在我看来，这种品格在孩子的成长中开始得越早越好，尤其是坚强与勇敢品格的教育，在孩子的婴儿时期就应该开始了。

我在美国学习的时候，发现婴儿从一生下来，就独自待在一个大房间里，父母会待在他们自己的房间里。当然，这个大房间里会装有摄像头和扩音器，婴儿的母亲常常会通过这些来判断正在啼哭的婴儿需要什么，在她们看来，大人们完全没有必要在婴儿一啼哭时就迅速出现在他们面前，甚至很快把他们抱在怀里，这样只会让婴儿变得胆小而任性。

妈妈们可以通过婴儿的哭声来判断他们是饿了、渴了，或是需要人来陪伴。在美国妈妈看来，并不是婴儿的每个要求都必须马上给予满足，父母也有自己的事情，不能因为照顾孩子而放弃自己的时间和空间。婴儿一生下来就必须学会自己面对一些事情，譬如在父母忙碌的时候，自己玩耍，在父母不在身边的时候勇敢地面对空旷的大房间，甚至在妈妈腾不出手来抱自己时学会忍耐，这是对孩子最早的坚强与勇敢的品格教育。

而对于中国的父母来说，婴儿的啼哭是绝对不能忍受的。孩子大多数一生下来就跟着妈妈睡，多数家庭购置的价格不菲的婴儿

床，只是作为一种摆设，孩子即使到满地跑了也没有单独睡过。

我在很多中国家庭看到，只要婴儿一哭，妈妈、姥姥、奶奶，很可能还有月嫂，四五张殷勤的笑脸一起出现在他的眼睛里，而且，不管婴儿是需要什么，他马上就会躺在大人舒适的怀抱里。时间一久这成了他的习惯，会让他无法忍受全家人不围着他转的情景，无法忍受没有大人的怀抱的时刻。由此一来，达不到满足的时候，他便啼哭不止，这是中国的婴儿普遍比外国的婴儿爱哭的原因所在，也是很多还是婴儿的孩子就已经任性、霸道得让父母不知所措的原因。过分的宠溺、过分的满足，让婴儿丧失了自我成长的空间，让他们两三岁时还离不开妈妈的怀抱，不敢到陌生的房间，看到生面孔会哭，对未知的事物缺乏好奇心，不能在不熟悉的环境里过夜，这使很多家庭为了孩子放弃了旅行的计划，甚至减少了跟朋友的往来，只因为宝宝不喜欢家里有外人来。

这些其实并不是孩子的原因，大多数是父母的教养方式所造成的。俗话说，孩子就像小草，给他什么样的环境，他就会长成什么样。那些成年以后逃避社会责任、承受力差、个性脆弱的孩子大都是在这样被过分保护与宠溺的环境中成长，缺乏自己面对与承担的机会。

所以，我建议中国的父母在孩子的成长之初便给予孩子自我成长的机会，不要过度满足孩子，让他为自己的要求被满足付出一定的努力。太容易得到，结果就会造成孩子对探求的过程失去兴趣，而这种探索的过程正是孩子最好的自我成长。

很多父母认为为孩子牺牲一些自己的生活是应该的，殊不知这样做恰恰会让孩子丢失很多机会，譬如因为孩子太小而放弃了旅行计划，这常常让孩子失去了一个适应不同的生活方式与环境的好机会；减少了与朋友的往来，也常常让孩子无法接触到家人之外的人，使孩子变得更加"窝里横"，一见到生人便呆若木鸡。

我认识的一位妈妈，在女儿五个月大的时候便开始带她到处旅行，坐飞机去了很多国家。小女孩在一岁半的时候，已经意识到出门要带自己的旅行箱和洗漱用品，2岁的时候她要求有自己的房间，3岁的时候她会在飞机起飞时系好自己的安全带，并提醒吵闹的小朋友要安静。现在这个6岁的女孩活泼开朗、大方可爱，有很多的朋友，并且酷爱摄影，经常把自己的作品放到网上与大家一起分享。经常出门旅行的经验让她对美丽的大自然有了独到的鉴赏力，也锻炼了她独立、勇敢、乐于尝试的品格。

所以，别认为处在婴儿期的孩子只要吃饱喝足就一切OK，他是一个正在成长的生命，他的触觉、视觉、嗅觉都在逐步发育，他要求父母鼓励他，去探求未知的世界。一颗勇敢而坚强的种子已经在他的生命中萌芽，他需要的是父母鼓励的眼神、欣赏的目光，这是一切优良品质诞生的源泉。

如果他曾经是一个坚强而勇敢的婴儿，那么在他的幼儿期，他可能就会表现得有些皮，甚至有些莽撞；他活泼好动，容易闯祸，是父母眼里不太听话的孩子，这实际上正是一个有意志力与个性，有求知欲与征服欲的孩子常有的表现，他的皮可能常常表现在好动，他对什么东西都怀有好奇心，都想要去尝试。他的不听话也常常是有自己的主意，经常对父母的权威性产生怀疑，甚至有否定父母意志的表现，这样的孩子有可能比较让人头疼，但请不要怀疑他的品质，很多成功的伟人都有类似这样的童年。

那些看似令人难以接受的调皮、闯祸，实际上包裹着孩子的一颗勇敢的想要尝试的心，这是一种非常美好的品质所发出的光芒，而它能不能成为巨大的能量，来照亮孩子的整个人生，则要看父母的引导。

所以，别轻易责怪孩子太皮，别对质疑你观点的孩子发出咆哮，别要孩子一定完全照你的想法去做，如果他有自己的想法，请你给他机会让他去尝试,即使失败了,他获得的体验也将使他终生受益。

幼儿期正是父母与孩子建立良好的沟通习惯的时期,这个时期,尊重他、欣赏他不仅会使他变得更快乐,更重要的是让他变得更勇敢、更坚强。

如果你的孩子在婴儿期就是一个在过度的保护和宠溺中成长的孩子,那么到了幼儿期,便是你需要刻不容缓地培养他的坚强与勇敢的品格的时期了。

这个时期你睡前阅读的书籍里,应该多一些有关勇敢与坚强的故事。你还可以跟孩子玩戏剧游戏,让孩子扮演猎人,而你来扮演要吃掉他的大灰狼,这样做,能教给孩子如何勇敢面对凶猛的动物,如何在力量弱小的情况下取得胜利。

经常和孩子做这样对抗性的戏剧游戏,会让孩子产生面对困难的经验和胆量,启发他产生自我的思考能力,学会用智慧来进行自我解救,而且还能锻炼孩子的情商,历练孩子的心智。

现在有很多网络游戏也有类似的内容,但是,一定不要让幼儿期的孩子经常接触这种虚拟的网络游戏,一是他的年龄太小缺乏自制力,容易对游戏产生依赖,形成网瘾,二是孩子接触虚拟空间的东西越多,跟现实中的人交流沟通就越少,时间一长容易形成沟通障碍和孤僻性格。

生活中,有些父母为了让孩子安静一些或别影响自己做事情,就让小小年纪的孩子自己一个人坐在电脑前玩游戏,或扔给孩子一个 iPad 就不管不问了,这是非常不理智的做法。且不说闪烁的电脑屏幕对孩子视觉的伤害,长期玩电脑游戏会降低孩子对现实世界的认知,而过早地接触色彩鲜艳、形象具体的动画片,也会影响孩子的想象力与认知能力,对孩子的成长非常不利,也不利于孩子品格的培养。

真正对孩子有益处的活动,就是父母抽出一定的时间来陪伴孩子，给孩子设计一些适合他性格成长的游戏，并且，带着孩子一起做，让孩子在收获快乐的同时，也收获品格与智慧的成长。

现在很多大型的亲子游乐园，也特别适合父母和幼儿期的孩子参加。那里有各种塑胶材料做成的造型，有桥梁、山洞，还有各种可以攀爬的设施。在确定安全的情况下，尽量鼓励你的宝贝去征服这些东西，一方面孩子锻炼了体魄，另一方面历练了胆量。

实际上，孩子坚强与勇敢的品格，是蕴含在他生命里的宝藏，父母则是激发他，让他有机会释放宝贵品格的那个人。让孩子在游乐园里大胆地去尝试征服那些庞大的玩具，勇敢地去探索陌生的山洞和高耸的桥梁，这样的游戏不但会让孩子学会保护自己，还会让他不惧怕挑战，甚至乐于接受挑战。而当孩子挑战成功后，父母每一个惊喜的笑容，每一个热情的拥抱，都会让孩子体验到成功的快乐，这种记忆会刻在他的脑海里，伴随他的成长，成为他品格的一部分。也许孩子勇于面对现实，不放弃、不逃避的品格就在这一刻形成；也许孩子喜欢成功的体验，渴望赢得挑战的品质，就在那一瞬间被激发。孩子的成长有无限的可能，我们无法不用心去面对。

有的父母会说，我的孩子那么小，他懂得这些吗？我可以负责任地与你分享一个事实，那就是你的孩子一定懂得这一切，因为他生下来就具备和你一样的大脑，只是他的社会认知与思考能力还远远不够，而这些则是随着他的社会化程度的提高而提高的。

培养幼儿期孩子坚强与勇敢的品格，需要父母大胆地放手，给孩子体验挑战的机会。孩子的天性是朝气蓬勃，无知无畏，而这种天性常常在父母的包办之下，慢慢地被消磨殆尽，这是一种非常遗憾的后果。

现在，如果碰到父母抱怨他的宝宝特别皮，胆子特别大，爱尝试不了解的事物，我都会恭喜他，告诉他这个孩子有非常好的潜质，父母应该用心地去引导培养他，这样的孩子将来也许可以成"大气候"。

前不久，有十几个中国的孩子到美国某中学去游学，在对方学校安排的欢迎Party上，突然遭遇意外停电，美国的中学生在老师的安排下陆续有序地回到寝室，而中国的孩子们却乱成一团，拒绝老师要他们回到寝室的安排，理由是走廊里太黑了，很恐怖，有几个孩子拿出了手机，给在大洋彼岸的父母拨通了电话，哭诉着提出要马上回家，而在睡梦中被惊醒的父母在电话里对领队的老师大发雷霆，指责他们没有安排好，有的家长甚至决定要连夜飞到美国。

在异国他乡遭遇这样的意外，孩子们有些受惊吓是可以理解的，可是要知道，这些孩子都是十几岁的少年，在美国，这个年龄的孩子基本上都要自立了，开始打工赚大学的学费，而仅仅一次意外停电，便让十几个中国孩子难以承受，这其中的差异不能不让人心存不安。

所以，当孩子进入了青少年期，坚强与勇敢的品格教育就更加不可或缺。这个时候正是孩子学业最重，面临许多选择的关键阶段，良好的品格会使孩子以更加积极而正确的态度面对生活和学习。

这个时期的孩子常常会对父母的要求很高，因为他们已经具备一定的社会认知和思考能力，对于父母的言行也会有自己的观察，所以，为人父母者在这个时期要更加注意自己的形象与言行，要求孩子做到的自己更应该身体力行。

譬如，你要求孩子做到坚强与勇敢，你就不能在生活中处处退缩，至少不可以在孩子面前表现得过于怯懦，如果你发现孩子个性脆弱，缺乏胆量，处处逃避，那你一定要首先在自己的言行上找原因，也许你并没有在意，但你的孩子已经深深地受到了你的影响。

在调整了自己的状态以后，我想你应该多抽出时间来陪伴孩子，多跟孩子沟通交流。通常孩子的脆弱与胆小是因为缺乏体验，当然也有孩子是因为缺乏足够的鼓励与爱。

如果你发现孩子的个性中存在这种弱点，你绝不可以把它当作一个可以忽视的因素，因为你的孩子即将成年，他马上要走向社会，参与竞争，缺乏坚强的意志与毅力，就等于盖房缺了顶梁柱。少了这不可缺少的支撑，你的孩子就是一座华而不实的楼房，不管这楼房盖得有多高多漂亮，风雨一来，它就会因为承受不了而轰然倒地，到那时可能一切都会毁于一旦。

所以，坚强的个性，勇敢的品格是一个人在社会上能够生存下来的重要保障，当你把孩子送出门去迎接挑战的时候，你要问一问自己，你是否已经把孩子培养成了一根顶梁柱？

实际上，当你的孩子身上缺少这种品格的时候，你在他的生活中就可以看到很多问题，譬如说逃避，譬如说放弃，譬如说没完没了地抱怨和对一切未知事物感到恐惧。

当他的生活中一再发生这些情景的时候，我想你就应该有所行动了，把生活中你坚强面对困难的那些事讲给他听，每天都与他分享一个励志的故事，带他去挑战一些难度不太大的事情，让他多获得一些成功的体验。

带他去爬爬山，用登山这种运动来激发他潜意识里的征服欲；带他去参加一些对抗性的运动，譬如足球、篮球、羽毛球，在这些既有激烈竞争，又有密切合作的运动中，让他体验参与竞争的乐趣和快感。

当这些行动都已成为他的习惯，继而成为他生活中的一部分时，我相信会激发他潜在的坚强意志与勇敢的品格，这实际上便是对孩子品格的一种塑造。有些东西看似不经意，却是对孩子潜移默化的影响。

这需要为人父母者具备这种素质，懂得这种诉求，关注对孩子品格的塑造，并且相信孩子的品格是可以塑造的。

前不久，一则"武汉大学博士生黄碧海放弃高薪出国工作机会，用爱心唤醒'植物人'妈妈"的消息在网上流传。在记者的采访中，我们了解到，武汉大学博士生黄碧海为了让已成为"植物人"的母亲早日苏醒，放弃了导师为他推荐的到日本读博士后的年薪达40万的研究工作，留在了母亲身边，并且用无微不至的照顾和坚持不懈的呼唤，唤醒了已昏迷达两个多月的母亲，他的事迹感动了无数人。

在这里人们也了解到，2001年考入武汉大学化学生物学系的黄碧海，从小与母亲相依为命，14岁便挑起了家庭的重担，在艰难的生活中，他一边学习，一边照顾多病的母亲，养成了坚强而勇敢的品格。在母亲病重的时候，医生都劝他放弃，而他却毫不犹豫地承担了照顾"植物人"母亲的职责，一边完成博士学业，一边在医院给予母亲无微不至的照顾。同学们都被他坚强、敢于担当的品格所感动。

而黄碧海自己却说，虽然现在母亲因为重病无法跟他正常交流，但在他小的时候，母亲却常常要求他坚强、勇敢地面对生活的挑战，给予他承担责任的机会。同时，黄碧海的母亲也是一位非常坚强的女性，正是在母亲的影响下，黄碧海虽然家境贫寒，但却从不自暴自弃，对于生活给予他的打击，他都能够用积极的态度来面对，用坚强的意志来承担。在年轻人普遍脆弱，经不起逆境的折磨，抗挫折能力越来越低的今天，黄碧海无疑是以他坚强而勇敢的品格，赢得了社会的关注与尊重，也赢得了人生的精彩。

现代社会人们普遍都追求人生的成功，而成功的背后除了机遇与勤奋，更重要的是还需要有一颗足够强大的心和坚强的意志，尤其是对于正在成长的孩子来说，这种品格的养成会让他终生受益。

培养孩子有担当、有责任感的品格

> 有些父母长期忽视对孩子责任感的教育，使得孩子渐渐失去了责任意识，逃避责任，不敢担当，做错了事情不肯承认、自私、撒谎……事实证明，培养孩子的责任意识，加强他们的责任教育已经刻不容缓。

（一）药家鑫案给了我们什么启示？

2011年，引起许多人震惊的莫过于西安音乐学院大四学生药家鑫撞人又杀人致死的案件。21岁的药家鑫是西安音乐学院钢琴系的高材生，他长得白白净净，有一双修长柔软的手，可正是这双能够在钢琴的琴键上弹奏出美妙流畅的旋律的手，让他犯下了人生路上的致命错误。在开车不慎将一位年轻的女性撞倒后，他不是勇敢地承担责任将受伤女性送进医院救治，而是抽出了随身携带的尖刀，刺向了那个在他的车轮下呻吟的女子，直到那个女子停止呼吸他才停下。

案发后，公安局找到药家鑫了解情况，他却面不改色心不跳地撒谎，说这件事跟他无关，直到几天后迫于压力他才在父母的陪伴下，到公安局自首。

死于药家鑫刀下的女子张妙是一位只有27岁的年轻母亲，她的儿子才3岁，却永远地失去了妈妈，而这场意外的发生仅仅起源于一个看上去非常普通的交通肇事。

事后有很多记者采访药家鑫，这个看上去瘦弱文静的男孩，说他杀死张妙的唯一理由便是不想给父母添麻烦，不想让人知道是他撞了张妙。他以为用这样的方式便可以使自己逃脱法律的制裁，却不知反而把自己送上了一条愈行愈远的不归路。

此案的恶劣性质引起了社会的高度关注。2011年5月，药家鑫被判处死刑，并立即执行。一个即将大学毕业的音乐学院的高材生，音乐梦戛然而止，人生在21岁画上了句号。

药家鑫被执行死刑告慰了受害人张妙的家人，伸张了法律的正义，也让这一备受社会关注的案件尘埃落定，但在我看来，对于药家鑫悲剧命运的讨论并没有结束。药家鑫案到底给了我们这些为人父母者什么样的启示？

在父母的眼里，药家鑫聪明、有才华、听话，偶尔会有一些叛逆。而药家鑫的父母像所有的中国父母一样，为儿子承担了一切。从小到大，儿子需要做的就是好好学习，用功练琴，考上父母希望他能够考进的音乐学院。

药家鑫的父母在教育孩子的问题上，意见并不统一，母亲总觉得父亲要求太严格，父亲则觉得母亲有些宠溺孩子，夫妻俩经常为孩子的事争吵，这造成了药家鑫沉默寡言，有事不愿和父母沟通交流的习惯。

药家鑫的父亲对儿子的期望值很高，要求也很严厉，但是，他跟儿子之间也常常是命令与被命令的关系，儿子犯了错误他不是耐心地与他沟通交流，而是给予严酷的体罚与苛责。

在法院庭审的现场，药家鑫几次含泪说起，父亲为了惩罚他，把他关在地下室里几天几夜不让他回家的情形，当时的那种恐惧与孤独，给他的身心造成了严重的伤害，也使他养成了惧怕父亲的心理，而正是这种心理让他的青春期都是在压抑与郁闷中度过的，他的人格也在这种压抑与郁闷中慢慢有些扭曲。

也许正是父亲对他粗暴简单的教育让他产生了这样一种心理，犯了错误只要可以蒙蔽过去便能够免去惩罚，在父母重技能而轻品格的教育下，药家鑫的心里缺少正义与良知的信念，也没有明确的是非观，甚至连最起码的法律意识都不具备，这直接导致了他在犯了错误以后更加错误的选择，缺乏担当意识，没有责任感的他，天真地以为把车轮下的张妙杀死，就是解决问题了，就不会给他父母添麻烦了。我相信他的潜意识里一定还会有这样的想法，那就是父亲不会知道他犯下如此严重的错误，而他就会逃过父亲的严酷惩罚。

年轻的药家鑫因为他的无知和愚蠢，葬送了自己的前程，也让许许多多的人对这一代的年轻人产生了信任危机，而作为孩子第一任老师的父母们，又该有什么样的反思呢？

前不久，发生在广州的"小悦悦"事件，再一次凸显了缺乏担当与责任感教育的社会，会让人痛心到什么地步。

只有2岁，正在蹒跚学步的女孩小悦悦在短短的十几分钟内被几辆车撞倒、碾压。小悦悦倒下后，陆陆续续又从她身边过去了十几辆车，竟无一人停下车，下去查看倒在血泊中的小悦悦的情况，最后，还是一位拾荒的六旬老妇，上前抱起了已经奄奄一息的小悦悦，并求人把女孩送往医院抢救。但是，小悦悦在医院停止了呼吸，永别了她的父母和这个对她如此冷漠的"世界"。

更令人气愤的是，小悦悦的悲惨遭遇在媒体上揭露后，那些事件的当事人竟无一人出面承认，而那位最先把小悦悦撞倒的面包车司机竟放言要举家迁徙，让谁也找不到他的踪影。

"小悦悦"事件的发生，看似是一场意外，但绝不是一件偶然独立的事情，正像药家鑫的犯罪，看上去有些突然，也有它必然的轨迹。

公民道德的集体下滑，责任感教育的长期缺位，造成了目前社会上一些无法让人接受的现象出现，这无疑让我们看到了责任感教育的重要性和不可或缺性，培育孩子的担当意识，引导孩子建立起自己的责任感体系的教育迫在眉睫。

（二）培育孩子有担当、有责任感的品格要从放手开始

佳佳是个初三年级的男生，马上要中考了，他却开始闹情绪，每天作业也不完成，老师布置的课外复习也没有进行，看着他的学习成绩不断下滑，老师给他家里打了电话。

电话是佳佳的姥姥接的，老人跟老师解释说，佳佳最近学习状

态低迷，都是因为他妈妈住院动手术没有陪他一起学习的缘故。

老师在佳佳姥姥这儿了解到，佳佳从小都是妈妈陪着学习，陪着他写作业，陪着他看课外书，时间一长，佳佳养成了习惯，学习时必须有妈妈在旁边陪着，否则，他就会心神不宁，无法静下心来学习。

不光是学习要妈妈陪伴，虽然佳佳已经15岁了，可还睡在妈妈的被窝里，给他布置的房间，安排的单人床，一直是爸爸的地盘儿，为此爸爸也抗议过，可佳佳妈妈总是说，佳佳胆小，怕黑，不敢自己睡。所以，后来佳佳的个头都超过妈妈了，可晚上睡觉还被妈妈搂在怀里。

生活中佳佳妈妈更是包揽了儿子的一切，从早晨的牙膏，到晚上的洗脚水，从整理书包到穿衣戴帽，马上就要初中毕业的佳佳长得人高马大，可生活上低能得像个弱智的孩子。有一次，佳佳妈妈单位有事，早晨早早地就出门了，佳佳起床后竟没有去上学，问他什么原因，他说妈妈没有把他的鞋准备好，他不能光着脚去上学。

在佳佳妈妈"责任全包"的教育下，15岁的佳佳责任感意识模糊，更谈不上任何担当。这次妈妈住院动手术，已经有十几天没有回家了，可当老师问他，妈妈的身体出了什么问题时，他却茫然地摇头，说不知道。老师叮嘱他放学以后去医院看看妈妈时，他却摇头说："妈妈说了，不要我去，有爸爸在就可以了，我的任务就是学习。"当老师问他，妈妈不在家有没有什么困难时，佳佳嘴里全是抱怨，"姥姥年纪大了，做饭一点儿也不好吃，我的书包也不知道给我收拾，经常让我拿错了书，妈妈不能开车来接我放学，姥姥每天带我挤公共汽车真的太不舒服了。"

面对佳佳的抱怨，老师也只能是无奈地一笑。

我们的生活中不知道有多少像佳佳这样的孩子，但像佳佳妈妈这样完全包办孩子的生活，从来不懂得放手的妈妈，我接触得非常多，尤其是现在的独生子女家庭中，这样的妈妈更不在少数。

虽然佳佳才15岁，可从这个男孩身上我们已经看出了他妈妈养育方式的不当。每天陪伴孩子学习，让孩子产生了依赖的习惯，这使孩子感觉学习不是他一个人的事情，或者，他觉得并不是为了自己在学习，他甚至会认为是为了妈妈学的，或者是为了爸爸学的，这种观念会让他失去学习的主动性，失去学习的兴趣。

当孩子觉得他的学习是为了别人的时候，他就很难喜欢上学习，会把学习当成一个负担或一个任务，而无法产生自主学习的愿望。

很多父母会在孩子上学以后，主动地陪伴孩子学习，认为这是一种帮助孩子的方法，殊不知，孩子会把父母的这种全程陪伴，看作一种监督和要求，甚至是一种压力。学习本身应该是一种非常自然的行为，对于求知欲很强的孩子来说，掌握知识应该是他们喜欢的一件事，可正是在许多父母把学习当成一种对孩子的要求，甚至是孩子唯一能做的事情之后，反而让更多的孩子对学习产生了厌倦甚至抵触的心理，而孩子越抵触学习，父母就越要求孩子坐在书桌前，时间一长，孩子拗不过父母，便开始了表面上看是在学习，实际上则是应付父母的学习过程，自然，这种学习产生不了好结果。

而父母也生生地把学习这个最该由孩子自己承担的责任也背在了自己身上，所以，孩子小升初，着急的是父母；中考，着急的是父母；到了高考，失眠、焦虑的还是父母。

为什么会有这样的差距？关键还在父母身上。该让孩子承担的责任，你都替他承担了，你就不能怪孩子在学习上缺乏责任感，而一个在学习上没有责任感的孩子，是不可能取得什么过人的成绩的。

更可怕的是孩子家庭责任感的缺失，佳佳的妈妈住院十几天，儿子竟没有主动地去看望一下，甚至连妈妈得的是什么病也不关心。这跟妈妈对他的那种关注和照顾，简直是天壤之别。

尽管我特别理解佳佳妈妈是因为不想让儿子在中考前耽误学习，才不让儿子到医院探望，但关心妈妈与佳佳的学习之间并不矛盾，在孩子的成长中并不是只有学习才重要。

对家人的关心，对父母的照顾，对家里发生的事情的担当，这一切都有助于孩子建立自己的责任感，父母应当给予孩子这样的机会，让他们慢慢学会承担。

我相信佳佳妈妈在病痛之中一定是特别渴望见到儿子的，以她与儿子的感情，这种分离一定是让人难以承受的。可这位妈妈宁可克制自己，也不肯让儿子来医院看望她，这实际上是一种极不明智的做法，对佳佳的成长也没有任何帮助。

包括她的病情，估计也是她不让家人跟孩子讲的，这种只想保护孩子，不想让孩子的生活出现一丝一毫波澜的选择，恰恰剥夺了让孩子知道生活的真相的权利，也让孩子失去了懂得担当和负责任的成长机会。

在这样的保护下成长起来的孩子，大多数会变得非常自私，只在乎自己的感受，很少关注到别人的存在，并且缺乏责任感，遇事只想逃避，不会主动担当。

可是，我们的家庭、我们的社会是多么需要有担当精神的人，我们的社会产生了"药家鑫"这样的大学生，产生了那些导致"小悦悦"死亡的冷漠的人，有太多的人抱怨我们的年轻一代缺乏担当精神和责任意识，可是又有多少人把目光投向了我们的家庭，投向了我们的父母对孩子的养育方式上？

15岁的男孩佳佳几年后也会成为一个大学生，将来他还要为人夫为人父，如果他的妈妈不改变对他的养育方式，我对他的未来成长仍充满了担忧。

孩子来到这个世界上，他就不再是一个独立的存在，他的社会属性决定了他必然要与身边的人及身边的世界联结，这就注定了他不能只为自己活着，如果他长成了一个自私自利，而又没有责任感的人，他的生活一定很难顺利。

尤其是现在的独生子女家庭，在物质条件相对丰厚的当下，父母尽一切努力想要为孩子营造一份完美无缺的生活，却忽视了一个最重要的问题，那就是孩子的心智与身体一样需要成长。

帮助孩子建立责任感的教育应该在他很小的时候就开始了。

很多父母会认为现在生活富裕，日子顺利，很难有让孩子承担责任的机会，岂不知很多责任感就蕴含在这种平淡无奇的生活细节中。

譬如说2岁的孩子应该学会自己进餐、入厕，自己选择衣服的搭配，并且开始懂得承担错误。

3~6岁的孩子应该学会整理自己的房间，把玩过的玩具放到玩具筐中，自己洗脸、刷牙，按时上床睡觉，懂得为自己错误的行为道歉，甚至付诸改正的行动。

6岁以上的孩子应该养成自主学习的习惯，开始参与家庭事务，譬如家里装修的颜色，他自己房间的家具，这些都可以由他自己来拿主意。这个年龄段的孩子可能会开始出现掩饰或逃避错误的行为，父母发现有这样的事情发生时，一定不要过于简单粗暴地惩罚了事，而是应该耐心地与孩子沟通，告诉他们掩饰与逃避都比他的错误更加严重，并且充分地给予他信任，让他体会承担责任比推卸、逃避责任更能得到父母的尊重与信赖。这是孩子建立责任感与担当意识的重要时期，父母经常对犯了错误的孩子进行简单粗暴的处罚，就会让孩子觉得用撒谎来逃过惩罚会更好受一些，自此而养成撒谎、逃避责任的习惯。

如果父母允许孩子说真话，承认错误并且担当责任，孩子就会以此为教训，尽量避免再犯类似的错误。因此，在孩子犯了错以后，父母与他的一席长谈，远远比落在他屁股上的板子让他记得更久。

如果父母能够用公平、公正和理智的方法来面对孩子的错误行为，这就是在鼓励孩子积极承担自己的责任，给了孩子担当的机会，而如果父母用拒绝和暴跳如雷的方式来面对孩子的错误行为，就会让孩子产生逃避的心态，在这种心态的引导下，他就会做出用一个错误去掩盖另一个错误的选择，药家鑫案实际上就是一个这样的典型个案。

15岁以上的孩子，身体逐渐成熟，心智也应相应成熟，这个年龄段的孩子，不应该被动地把学习当成自己的责任，而是应该积极地承担起学习的责任来，父母这时在孩子学习上的参与实际已起不到太大的作用，激发孩子自主学习的欲望，帮助孩子选择正确的学习方式才应该是父母的责任。

这个年龄的孩子，无论是男孩还是女孩，都有了参与家庭活动的责任和义务，父母应该主动让孩子承担一些家务劳动，譬如说，拖地、洗衣服，给家里的花草浇水，偶尔陪父母去买菜，有时间下下厨房。这些活动看似不起眼儿，却是特别好的建立孩子的家庭责任感意识的过程。

为什么80后是现在离婚率最高的群体？除了因为是独生子女，个性自我，不善于分享这些特征之外，我认为最主要的是他们整体上家庭责任感不强。

这一代孩子普遍存在着受教育程度比较高、父母比较年轻、生活压力比较小的特征。在他们成长的过程中，常常是父母替他们安排好了一切，小到衣食住行，大到考哪个大学，生活中需要他们承担的责任很少，可以说他们是被父母捧在手心里长大的。家庭对他们来说就是一个供养他们的机器，他们对家庭生活没有多少实质的参与感，因而也就更无从说起对家庭的责任感。

这样的孩子长大成人以后，进入他们自己的家庭就会特别不适应，从处处要别人为他们承担责任，到突然要自己承担责任，这其中的落差令不少80后难以承受，婚姻生活也会因此而动荡，离婚率高也就不足为奇了。

所以，孩子的责任感与担当意识一定是在参与中获得的，父母需要做的就是放手。

让孩子从小就参与自己的生活，承担自己的各种要求，这是一种学习，更是一种成长。孩子的责任感就是在这种承担中慢慢萌芽，直至长成参天大树。

多让孩子参与你的家庭生活，尽量让孩子承担一些家庭事务。这不仅对孩子的能力是一种锻炼，还是对孩子情操的一种熏陶。这样的孩子热爱家庭，喜欢家的温暖，在乎家庭成员的感受，这些好的习惯会在他成年以后陪伴他，成为他家庭责任感的一部分。

有许多父母会说，孩子的学业压力很大，没有时间让他多参与家庭事务，在我看来，这样的家庭需要的不是时间，而是一种理念。

你一定要考虑清楚，你希望孩子长大后成为一个责任感强烈，具备独立生活能力的人，还是成为一个只知道考高分考名校，却不清楚自己的责任是什么的学习机器？

责任感的培养还在父母的行为对孩子潜移默化的影响上。如果父母双方都是特别有责任感的人，孩子的担当意识也一定会比较突出。

除了在孩子小的时候就让他参与家庭事务，通过在家庭里为大家服务的细节建立他的责任感与承担意识外，父母还可以经常跟孩子分享一些责任感强烈，具备英雄情怀的书籍或影视故事，激发孩子潜在的对自己能力的自信。

这是一种非常积极的对孩子精神层面的激励，喜欢英雄、崇拜英雄的孩子大多数希望长大以后成为和英雄一样的人，而无论什么样的英雄，他们最让人崇拜的便是他们的责任感与承担意识。

如果你的孩子在人生的启蒙之初，便接触到这样的形象，就很容易被这样的故事吸引，英雄的做事方式与价值观便会很自然地成为孩子意识形态的一部分。

值得注意的是，现在社会上流行的一些漫画书特别受到一些中小学生的追捧，有的孩子看这种漫画书入迷甚至都耽误了功课。为什么这些漫画书如此吸引孩子呢？就是因为它里面的内容大多数是和主流价值观相悖的，譬如宣扬懒惰、放弃、随波逐流、得过且过，甚至不负责任的内容，这些都对孩子价值观的形成有着负面的影响，年龄越小的孩子受影响的程度就越大。

做父母的都要注意孩子的书包里是否有诸如此类的漫画书，长期看这种漫画书，会造成孩子的心智发育滞后，是非观混乱，甚至行为失调。

现在已经有很多人在抱怨，说现在的孩子哪怕是大学毕业了，都显得稚嫩、茫然，做事缺乏动力，在单位稍有不顺便频频跳槽，把所有的问题都推到别人身上，这实际上便是由于责任感的集体缺失造成的后果。

所以，如果你的孩子现在还是低龄，我建议你尽早地对孩子进行责任感和担当意识的培养，这种品格是他将来在社会上的生存保障之一，也将是他获得人生与家庭的幸福快乐的重要保证。

海涛是我在北京一所大学讲课时遇上的大三男生，那次讲座之后，他找到了我，倾诉了他的经历。

他说他原来有一个非常幸福的家庭，父母经商多年，家里经济宽裕，他从小到大都是在保姆的照顾下成长，从外地考来北京的大学后，虽然生活上没人照顾有诸多不便，可妈妈在经济上一直特别支持他，每个月都要给他寄几千元的生活费，可就在这时，他喜欢上了电脑游戏，经常逃课在宿舍里玩游戏，学习成绩也一再下滑。自从沉溺于电脑游戏之中后，他便很少给妈妈打电话，直到有一天妈妈给他打电话要他回来看看爸爸，他才不情愿地坐上回老家的车，等他回到家中，妈妈才告诉他，爸爸已经住在医院里一年多了，是肺癌晚期，恐怕不久于人世。

海涛特别震惊，看完病中的爸爸后，他几乎崩溃，面对哭泣的妈妈，他只想赶快离开这个家回到学校，可是，他回校不久爸爸便去世了。

伤心之余海涛完全不知道自己应该承担什么责任，他只是一味地抱怨妈妈没有照顾好爸爸，抱怨老天爷不公平，这么早就让他失去爸爸，抱怨所有他能够抱怨的人，然后他完全放弃了学习，天天靠玩电脑游戏打发时间。很快，因为成绩太差，海涛被学校强制休学一年。

走出学校大门，就在海涛不知该何去何从时，又一个噩耗传来，海涛的妈妈因为承受不了失去丈夫的打击服药自尽，被邻居送到医院抢救。

海涛回到了被医生从死亡边缘救回的妈妈身边，从开始不知道怎么照顾她，到慢慢地会给妈妈喂饭、喂水，在陪伴妈妈的康复过程中，海涛渐渐地明白了自己应该做什么，那就是承担一个儿子应该承担的责任。

儿子的悉心照顾，让海涛妈妈又有了重新活下去的勇气。不久，海涛也在自己的努力下，重返大学校园，继续他的学业。但是，无论有多忙，海涛都会抽时间给妈妈打电话，寒暑假别的同学约他一起出去玩儿，海涛从来不去，他答应妈妈，假期里一定会陪妈妈出去旅行。

这个目光清澈的大男孩，经历了这样一番苦难才找到自己的责任感，懂得有所担当。我不由得有些感叹，又有多少中国的家庭会像海涛的父母这样，爸爸得了癌症已经一年多了，仍然瞒着儿子，理由是不想让儿子担心。妈妈失去了丈夫，独自一人面对那份孤独，直到扛不住了，也不愿意让儿子分担一下。不是我们的孩子天生缺少责任感，而是我们的父母过于保护他们，不给他们担当的机会。

对于从小衣食无忧的海涛来说，这份责任感的觉醒虽然来得晚了一些，可它毕竟还是来了，我相信这种品格的回归将比他父母给他留下的财富更加重要，也将会让他在人生的路上走得更踏实。

培养孩子坚持、执着的品格

懂得坚持和执着,才能获得更有价值的人生。鼓励我们的孩子,培养孩子坚持、执着的品质,孩子才能更积极地面对生活中的各种挑战。

（一）坚持、执着会给孩子的人生带来什么？

2011年，一本富有激情的励志著作《人生不设限》风靡全球，引起了很多人的关注，这本书在中国到底销了多少万册我不太清楚，但我对它的作者尼克·胡哲的成长，进行了专门的研究。

尼克·胡哲，1982年12月4日生于澳大利亚墨尔本的一个牧师家庭，母亲是一位护士，父亲是一位牧师，这是一个再普通不过的澳洲家庭，尼克是他们的第一个孩子。可是令人惊讶的是，这个在出生之前毫无任何不祥征兆的婴儿，生下来却没有四肢，只在臀部左侧下面，有一个看上去像两个脚趾的小脚，当时，满怀激动地迎接第一个孩子的尼克的父亲，忍不住冲出了房，在走廊里吐了起来。

没有人知道上帝在这个孩子身上做了什么，他有一张漂亮的脸，可是也仅此而已，没有四肢，无法行动，他是个生下来就注定没有未来的婴儿。

可是，对于尼克的父母来说，这是他们的孩子，他们从来没有想过要放弃他，尽管尼克后来又有了健全的弟弟妹妹，但他的父母一直小心翼翼地照顾他，尽量让他不会因为跟弟弟妹妹不同而烦恼。

尼克的父亲一直鼓励儿子尝试任何可能的东西，包括运动、读大学以及投资股票。在尼克11岁时，他终于发觉自己与其他孩子的不同，他觉得自己是别人眼中的怪物，他想过要放弃，甚至尝试想在浴缸里自杀。但是，在没有成功后他选择了坚持活下去，并且要活得精彩。

坚持和执着的品格让尼克完成了大学学业，并且，拿到了计算机和金融两个学位，17岁时他发现自己的口才突出，他立志要成为一个演讲家，19岁时他开始打电话推销自己的演说。

在第52次被拒绝后，他终于获得了一次5分钟的演讲机会，那一次的演讲不仅大获成功，他还赚了50美元的报酬。

从此，成为一个世界级的演讲家的梦想鼓舞着他。如今，没有四肢，只有一个聪明的脑袋和一双执着的眼睛的他，已经走过25个国家，在全球演讲1500场以上，拥有上千万的听众。

前不久，他还娶了自己心爱的姑娘——美丽的女孩莉沙，建立了属于自己的幸福家庭。尼克传奇般的人生经历，激励了无数人，也让无数人想要找到他成功的秘诀，而尼克谈起自己的成功时，总是说："当我们觉得自己毫无价值时，就等于限制了上帝在我们身上的作为，放弃梦想，就把上帝拒绝了，身体的障碍也可以成为祝福，赋予自己独一无二的机会去帮助别人。当你坚持下去，执着不懈的时候，你就成功了。"

从一个被人视作怪物的"悲惨角色"，到今天在台上颇具号召力的励志演讲家，尼克的人生可谓充满了奇迹。可是，在对他的成长经历有过一番关注后，我发现聪明和勤奋固然是尼克身上闪光的品质，但更关键的则是他坚持与执着的品格，这种品格的养成和他的命运有关，是他身上更加珍贵的特质。

那么这种特质是从何而来的呢？我坚信首先来源于尼克的父母对他的不放弃。像尼克这样的重度残疾，没有父母和家人的精心照顾，他基本上不可能活下来。

尼克的父母不仅给了他足够的不让他感到孤独的爱，还总是鼓励他去尝试任何的可能，突破身体的障碍，并且，在尼克沮丧、灰心，想要放弃的时候，一再激励他坚持下去，告诉他再坚持一会儿，也许就会有奇迹发生。

尼克坚持的品格就是在这种激励中一点一点形成，当他在坚持中不断见证了一个个的奇迹发生时，这些小小的成功又成为他能够不断前行的动力。

也许尼克的父母并没有想到，他的人生会有如此的成功。他们同所有的父母一样，都渴望这个如此不幸的孩子，能够有一技之长，将来能自食其力就可以了。

可是人的潜能就是这样神奇，给一缕阳光，他就会爆发出不可估计的能量。尼克的父母用爱和坚持给了尼克人生最早的光亮，从此引燃了他生命中蕴含的无限的生命能量。

尼克成功了，可是，他身边却有那么多比他更健康的人与成功无缘，很多人把这归咎为命运的安排，并为此而一度消沉。实际上成功绝非仅仅取决于命运，你是否在命运的打击下仍然选择了坚持？你是否屡遭挫折却仍不放弃梦想，选择了执着面对？坚持和执着的品格在你能够成功的品质中往往分量最重。

现在的父母常常会为孩子的教育倾其所有，其最大的愿望便是渴望孩子有一个成功的人生，渴望孩子活得比自己成功。可是，由于只片面强调了技能教育的重要，忽视甚至放弃了品格教育，导致很多孩子拥有不俗的技能，却因为缺乏良好品格与素质，而难以面对社会的挑战。

高强曾是上海某大学的生物系硕博连读生，来自湖南的他一直是父母和老师眼中的好孩子、好学生，学习成绩一直很优异，父母也一直把他当作骄傲。可就在他博士毕业前夕，父母来到上海探望他的时候，他却选择了从23层的教学楼一跃而下，结束了自己只有25岁的生命。

这场悲剧来得是那么突然，让任何人都猝不及防，他的导师、同学都想不通他为什么会如此决绝地放弃生命，而他的父母就更加无法理解儿子的做法，并因此而双双病倒。

在高强留给父母的遗书中，他这样写道："我太累了，我想要休息，让我走吧……"

刚刚能够从病床上支撑起来，高强的父亲就来到学校，找高强的导师与同学了解儿子自杀前的一些情况。高强的导师不无歉意地说："这次他的毕业论文做得不理想，我批评了他，给他时间让他回去重新做，也许他为这件事不愉快，走了这条路。"

高强的同学否认了导师的说法，他告诉高强的父亲，高强在博士毕业前夕的确有些烦恼。他曾经说过，很烦毕业以后走向社会，要面临找工作，跟陌生人打交道这些事。由于过于焦虑，高强自杀前已经有一些抑郁症的征兆，也许他正是因为这种抑郁的情绪，才选择了用这样一种方式结束生命。

高强的父亲事后在网上曝光了儿子的遗书，他说他这样做的目的，就是警醒更多的父母，不能只为孩子的成绩好而高兴，一个内心脆弱，缺乏生活信念的孩子，是经不起风雨的。

高强的父亲说，他知道儿子的梦想是成为一个生物学家，他也一直很支持儿子为实现梦想而努力。可是，他没想到一点小小的挫折就足以让儿子放弃梦想，甚至放弃生命。他承认在孩子的成长过程中，他和孩子的母亲都为孩子的优异成绩感到满足，认为孩子很完美，由于工作繁忙，他很少和孩子有知心的交流，一直到他的儿子离去，儿子喜欢什么，恐惧什么，想得最多的问题是什么，他都不知道，他认为作为这样一个父亲很失败。

这位父亲的肺腑之言曾经引起了无数网友的跟帖与评论，许多网友坦言，高强的成长经历并不特别，他同许多中国家庭的孩子一样，自从进了学校便一直在为高分名校拼搏，过着除了考试便什么都不需要知道的日子。

他的父母也像许多中国的父母一样，只要孩子成绩好，考试名列前茅便一切完事大吉，疏于沟通，很少跟孩子进行思想交流，使孩子即使有了心事也无处倾诉。

所以，在高强发生了这样的事以后，他的父母才会百思不得其解。高强即使顺利博士毕业，前途一片光明的他也许依然会选择告别人生。

在我看来，高强的成长过程布满了学习好、成绩好的光环，最缺少的却是信念与品格的塑造。一直在光环下，与父母却缺少内心交流的高强，一定是一个内心极其脆弱与孤独的孩子，他的学业在不断长进，而他的心智并没有一起成长。

与父母很少互动，使他的生命缺少了支持者，为了让父母满意，他一直在父母面前展现自己最光辉顺利的那一面，却把内心的困惑与不安深埋在心底。

他有勇气选择死亡，却缺乏勇气面对生活，这是一个典型的孤立无援的人的选择，他内心对未来的恐惧让他放弃了未来，而这种恐惧则源于他对生命缺乏信心。

对他来说，论文没有通过，只是压死骆驼的那根稻草，是这个小小的挫折，引发了他内心对生命早已存在的失望，和对生活愈来愈深的恐惧。这个从没有人告诉过他，挫折只是生命的常态，想要更好地生存下去只能更加坚持与执着。但在发现放弃远比坚持更容易和简单的时候，他便毫不犹豫地选择了放弃。

这样的悲剧对一个家庭来说是无穷尽的伤痛，而对于社会来说也更是一种震撼。让我们的孩子懂得只有坚持与执着，才能获得更有价值的人生，也只有坚持与执着，才能让生活更加接纳我们，这已成为孩子成长过程中最重要的品格教育之一。

（二）鼓励、引导孩子从小养成坚持、执着的习惯

我一直在建议父母，对孩子的品格教育开始得越早越好，因为越是低龄的孩子，其品格的可塑性就越强，品格教育的效果就越明显。

想让孩子养成坚持与执着的习惯，可以先从孩子的生活细节入手，譬如给孩子养一盆绿植，这盆绿植可以以孩子的名字命名，把每天浇水、施肥、晒太阳的工作交给孩子负责。

这个活动尤其适合五六岁的孩子，让孩子每天都问候绿植、陪伴绿植，看着绿植慢慢长大，在赋予孩子一种责任感的同时，也会让孩子慢慢养成坚持的习惯。

孩子大一点儿以后，可以帮助孩子寻找一些爱好，譬如运动、音乐、绘画、书法、戏曲等等，在有条件的情况下，尽量让孩子坚持做下去，一方面熏陶孩子的艺术气质，一方面也让孩子学会坚持。

很多孩子可能今天喜欢这个，明天喜欢那个，这里面有他的天赋的原因，但也有父母可以引导的空间。父母可以尽量根据孩子的兴趣来安排，但也不能完全凭孩子的兴趣，要养成学什么就坚持下去的习惯，孩子学得有成绩了，自然会有成功的小喜悦，那么，这种喜悦会是他坚持下去的动力。

最重要的是父母不能在这些问题上过于功利，好像学钢琴就为了考级，学绘画就为了评奖，孩子的心地很纯净，如果父母在孩子的爱好上过于看重结果，就常常会给孩子很大压力，这会成为孩子坚持不下去的理由。

很多孩子可能在一开始不能坚持很长时间去做一件事，毕竟孩子喜欢新鲜、不断变幻的感觉，这需要父母告诉孩子坚持的好处。可以给孩子一粒种子，让他埋在花盆里，经常给它浇水、松土，直

到种子发芽，等到收获果实的时候，孩子就开始懂得坚持的意义，学会为一件事情耐心地等待，执着地守候。

生活本身就是一部教科书，生活中有各种各样的机会可以用以引导孩子从小学会坚持与执着，这就需要父母用心。

在与现在的孩子交流中，我发现许多孩子缺乏坚持与执着的品质，做事情经不起挫折，遇到一点儿小打击就一蹶不振，尤其是在学习上缺乏执着的态度，一次考试没考好，便提不起精神，想要逃避。

这跟生活中我们的孩子从小缺少坚持与执着的品格的培养有直接的关系。

父母要在孩子的成长中，多跟孩子交流有关坚持与执着的话题，让孩子认同这种品格能够给他的人生带来改变。

在孩子总是无法把一件事坚持做到有结果时，父母不可熟视无睹，而是应该主动帮孩子分析造成这种后果的原因，对孩子总是半途而废的做法提出善意的批评，告诫孩子，他不能总是中途放弃，真正的成长一定是从坚持做起的。

当孩子真的能够在他的生活中做事坚持，有始有终时，无论是多么微小的一件事，都值得父母为此庆贺。对孩子多一些欣赏和鼓励，告诉他你们为他的坚持而感动，这会大大地鼓励孩子，让他从此把"坚持"作为他的优良品质坚持下去。

有选择地跟孩子多分享一些有关于因为坚持、执着而成功的故事，寻找一些这方面的偶像推荐给孩子，鼓励孩子写出自己的梦想与目标，告诉他只要坚持，这些就可以实现。

如果有年长的家人或朋友，不妨多给他们一些跟孩子交流的机会，每一位年长的人在生活中都会经历过一些关于坚持与执着的故事，让他们把这些生活经验与孩子分享，是一个特别好的让孩子对坚持与执着有认同感的过程。

像所有的品格养成一样，坚持与执着的品格弥足珍贵，它需要父母为此付出很多的时间与努力。年轻的国际钢琴家郎朗，被大家誉为"钢琴天才"，他的演奏飘逸、洒脱，充满了艺术感染力，许多人为他少年成名，前程似锦的成功人生感到不可思议。

但熟悉郎朗的人都知道，郎朗今天的成功与他背后有一位坚持、执着的父亲有关，为了让儿子在音乐的道路上坚持下去，郎朗的父亲很早就辞去了工作，专门在北京陪伴儿子学习钢琴演奏。

少年郎朗活泼好动，很多次都对枯燥的练琴产生了抵触情绪，可就在儿子想要放弃的时候，每一次都是父亲在他身边用坚持的口吻对他说："再坚持一下，再坚持一下你会弹得更棒。"

是父亲的坚持让年少的郎朗坚持了下去，是父亲的执着最终成就了郎朗人生的成功。如今，长大成人的郎朗除了能够在舞台上弹出让人如醉如痴的旋律以外，还是一个目光坚定，性格刚毅的男子汉。坚持与执着的品格让他从容面对每年高达300场之多的世界巡演，每到一个国家就会掀起一场"郎朗热"。过去每到国外演出，他总喜欢父亲与他同行，现在，父亲已经很少陪伴在他身边了。因为父亲知道，儿子长大了，他长成了一个真正的男人。父亲相信，有了坚持与执着的品格相伴，郎朗走到世界任何一个角落，他的人生都会像他的音乐一样精彩。

也许你并没有期待你的孩子像郎朗那样成功，可是，每一个生命都是独特的，蕴含着不可知的能量，因此，你又怎么知道你的孩子不会创造奇迹？

只要你赋予孩子坚持与执着的品格，让他学会永不放弃，未来的路也许并不平坦，但相信他仍可以走出自己的精彩，收获与众不同的人生。

培养孩子乐观、大气的品格

> 孩子乐观、大气的品格来源于父母的榜样作用。父母乐观，孩子就乐观。但是，为什么还有如此多的中国孩子悲观、抑郁？给孩子一个快乐的家庭氛围，同时让他们懂得管理自己的情绪，养成乐观、大气的品格，已成为中国父母的当务之急。

（一）孩子为什么不快乐？

我曾经在一些学校授课的时候，问过孩子们这样一个问题，你们感到快乐吗？当我让孩子们举手示意的时候，我发现一个班几十个孩子，只有不到三分之一的孩子会举起手来，同样，在我给家长讲课的时候，我也会问这些爸爸妈妈们是否感到快乐？答案并不使我感到惊讶，因为如果说快乐的孩子很少，那么快乐的爸爸妈妈就更加稀少了。

如果我们用一个公式来表达这个结果，那么就是：不快乐的父母＋不快乐的家庭＝不快乐的孩子。

前不久，中国心理协会对全国的青少年做了一个心理调查，数据显示有超过65%的青少年存在焦虑、抑郁情绪，有高达35%的大学生存在情绪不稳定、心理亚健康的状态。

为什么会有这么多的孩子存在情绪问题？为什么会有这么多的大学生心理健康不达标？在我看来，一个很重要的原因就在于家庭、在于孩子的父母。

我曾经问过许多父母，为什么他们不快乐？这些父母的回答各有不同，但大体上也就是那么几种原因：①生活压力大，要还房贷、车贷；②工作压力大，竞争很激烈；③对孩子成才的期望较高，因而比较焦虑；④夫妻感情的经营维系压力比较大；⑤生活琐事的压力；⑥对孩子未来的担忧。

我相信在中国当下的社会中，这些压力可能是大多数父母都在承受的，可这其中跟孩子的关系又有多大呢？在国外有房贷、车贷的家庭可能要超过80%，可周末的公路上，照样挤满了举家行动，一起去野营,其乐融融的旅行车。

可见压力与快乐并不是一对矛盾体,压力每个家庭都有,而快乐却要懂得寻找才会得到。

中国的父母是我见过的最不擅长享受快乐的父母,尽管他们很勤劳。因此,中国的家庭里,快乐的气氛往往比较稀少,这也难怪我们的孩子常常体会不到生活的快乐。

实际上,在我对中西方家庭教育的调查中发现:中国的孩子在物质上的满足要比西方的孩子来得更快,因为中国的父母大多数还是延续父辈的传统,宁愿自己苦点儿,紧巴点儿,也要让孩子在物质上尽量得到满足。

于是,iPad在中国的城市里异常地走俏,中国大中城市的孩子,下至2岁儿童上至大学生,几乎人手一台,名牌运动鞋、名牌手机更是许多中国孩子眼中不再有惊喜的礼物。

见到中国的父母给孩子买房,很多老外都很惊讶。中国的父母虽然收入不高,但很多人都会帮刚刚大学毕业的孩子买房。在中国二十几岁的年轻人就拥有属于自己的房子的不在少数,这与发达国家平均三十几岁才拥有自己的第一套房的数据相比,也显得有些不可思议。

可现实却是,虽然父母倾其所有为孩子买下一处房产,却无法替孩子找到快乐和幸福。物质上过于满足孩子的中国父母,在孩子所崇拜的人的排行序列中,常常被排到了末位或倒数几位,这不得不让人感觉有几分悲哀。

与物质上的过度满足相比,中国父母给予孩子的理解、尊重、平等、民主却远远不够,而这也正是中国的孩子不快乐,中国缺少快乐家庭的原因所在。

由于中国的家庭里普遍缺少乐观、轻松的气氛,爸爸妈妈们大多数也是从这样的家庭里成长起来的，因此，他们中间也缺乏擅长制造快乐气氛，能够让孩子每天情绪放松、笑口常开的高手。因此，很多孩子长大以后，也许很聪明，也很优秀，可是他们却依然很难快乐，经常被压力困扰，让生活陷进焦虑，等他们自己组织家庭以后，他们又会成为一个不快乐的丈夫、妻子，难以制造快乐的父亲、母亲，这样的孩子在我们的身边经常出现，让你不知道该怎样才能帮到他们。

我常说中国的孩子在3岁以前，是处在和父母关系的"蜜月期"，这个时期的孩子乖巧、听话，基本上处于能吃能睡能玩儿就很开心的阶段。

3岁以后，随着孩子个性的不断增强，能力的不断提高，父母开始对孩子有了要求，孩子的生活开始被各种学习班充斥，父母带着孩子到处报班，孩子学不好父母就开始焦虑，至此，孩子与父母的关系开始出现微妙的变化，一直宠孩子爱孩子的父母，开始为孩子的未来担心。我曾经见过一个想要把女儿送进名牌小学的妈妈，一下子拿出十几个证书，全是女儿考下来的各种技能的证明，不知道这个只有六七岁的小女孩，为了拿到这些证书要付出多少辛苦，我只知道这个小女孩并不快乐地在妈妈身边，一脸与年龄不相称的沉默。

生活中像这位小女孩的妈妈一样的父母并不在少数，正是这些父母剥夺了孩子的自由与无忧无虑，让我们的孩子小小年纪就已经懂得了压抑，懂得了焦虑。

实际上，等孩子进了小学，真正的压抑才刚刚开始。活泼好动的孩子一周五天被禁锢在课堂上，周末还要奔波在各个补习班的课堂，玩耍的时间没有了，和父母一起运动的时间没有了，餐桌上净是父母的指责与不满，连做梦都是考试考砸了，这样的孩子怎么可能快乐，这样的生活环境孩子怎么可能不压抑？

焦虑的父母带给孩子的依然是焦虑，没有人在意孩子长大后会成为一个什么样的人，因为父母和老师关注的都是孩子的分数、孩子的成绩。

由于生活氛围过度压抑，很多孩子出现了以下问题：

①睡眠不好

睡觉的过程不安稳，有时难以入睡，睡着以后又很难叫醒，每天起床都是一件麻烦事。由于晚上睡不好，白天精神状态不佳，迷迷糊糊，影响学习。

②过度焦虑、担心

经常有莫名的恐惧，安全感很差，对未来有时担心过度，怕爸爸妈妈突然离开，独立性较差。

③容易生病

由于精神不愉悦，导致身体免疫力下降，情绪压抑的孩子，常常表现为身体常出问题，经常肚子疼或头疼，容易感冒或腹泻，甚至会导致哮喘等慢性疾病。

④攻击性行为

在家里或学校特别容易被激怒，欺负小伙伴，甚至动手打架，这样的孩子常常是因为情绪出现了问题，而攻击别人便是他宣泄情绪的一种方式。

⑤经常哭泣

由于哭泣是一种释放压力的行为，所以，当你的孩子突然变得特别爱哭、能哭，经常流眼泪的时候，一定是他的情绪特别受压抑，心理有些难以负荷了。

⑥挑食、厌食

情绪压抑会带来饮食习惯的改变，有些出现心理问题的孩子，会变得特别挑食、厌食，甚至特别抵触吃饭，总说自己不饿。这实际上是孩子想通过一种不健康的方式来控制身体，以达到控制压力的目的。

⑦爱说谎话

如果父母整天都不快乐，就会让孩子养成说谎的习惯，因为孩子想要取悦父母，不想让父母对自己失望，因此，他就会经常编一些让父母高兴的话，以此来获得父母的关注与赞赏。这实际上也是孩子的压抑心理导致的一种行为偏差。

不快乐的家庭会带给孩子如此之多的重负，也会毁掉孩子的未来。所以，父母们再也不能借由担心孩子的未来之名剥夺他们当下的快乐了。

给孩子一个快乐的家庭气氛，培养孩子乐观、大气的品格，已成为中国家庭的当务之急。

（二）快乐的家庭、快乐的父母才能造就乐观、大气的孩子

想要造就乐观的孩子，首先父母要快乐起来，请放下用焦虑来对抗压力的不明智的做法，选择用快乐来抵制压力。

孩子本来就是快乐的，父母要做的就是把快乐还给孩子，别担心孩子的未来，如果你的孩子拥有了乐观的品格，我相信他的人生一定不会差到哪儿去。

快乐是一种生产力，它会给你带来意想不到的收获与人生的满足，父母要做的就是让你的家庭充满快乐的气氛。

对于中国的父母来说，你首先要做的就是放下父母的架子，和你的孩子站在同一个起跑线上，你们既是朋友，又是伙伴，还是合作者，放下父母的身段，有助于你的孩子接纳你。其次，父母要学

会制造快乐。尽管生活中会有各种各样的压力和危机，父母应该始终扮演能够给孩子带来快乐的角色，只有这样才能保护孩子的心灵，让孩子相信人生是美丽的。

著名的意大利电影《美丽人生》就讲述了这样一个动人的故事："二战"期间，善良的父亲奎多和儿子乔舒亚被关进了专门看押犹太人的纳粹集中营，在这个残酷的地方，为了不让只有五岁的儿子幼小的心灵受到伤害，父亲奎多对孩子撒了一个谎，说他们在这里忍受各种各样的欺诈与欺侮，都是因为他们在参与一个游戏，而且，忍受得越多积分越多，最终的奖品是一个大大的真正的坦克车。

在父亲的安抚下，乔舒亚真的相信了他和爸爸在这个恐怖的地方，不过是为了参加一场游戏，为此这个只有五岁的孩子忍受了那些难以忍受的寒冷、饥饿乃至恐惧，并且，他在与爸爸玩的那些快乐的游戏中，丝毫没有觉察到，他们是被关在监狱里。战争快要结束时，垂死挣扎的纳粹将父亲奎多带走准备处死，临上刑场前，奎多仍然带上了小丑的面具，将儿子藏在一个铁皮柜子里，叮嘱儿子他们要再玩最后一个游戏。热爱生活、乐观、善良的奎多最后死在了纳粹的枪口下，而他的儿子被战胜纳粹的美军士兵抱上了一辆真正的坦克。

这位在生死关头还在为儿子带来快乐的父亲，最终用他的生命换来了孩子眼中的美丽人生，让儿子幼小的心灵免遭战争的阴霾。

这部描绘父亲的智慧与对孩子的爱的电影最终获得了第71届奥斯卡最佳外语片、最佳男演员、最佳原创电影音乐三项大奖，而自编、自导、自演本片的意大利著名演员兼导演罗伯特·贝尼尼，也以其出色的戏剧天赋和令人笑中含泪的表演，表达了战争的阴影下，一位父亲为了保护孩子的心灵而做出的种种努力。

当然，与战争年代相比，现在人们的生活要简单安逸多了，可生活的实质并没有变，仍然存在各种各样的不公平，仍然会有顺境逆境。如果我们的孩子不具备乐观、大气的品格，他很可能就会对生活产生失望的情绪，经不起挫折和打击，轻易地放弃人生的希望。

如果孩子的父母在孩子还小的时候，就懂得为孩子制造快乐，与孩子分享快乐，这样的孩子不但会变得性格开朗，还会养成乐观的心态。

乐观的孩子遇事积极，看问题正面，善于与人沟通交流，生活态度热情阳光，常常会有一个好人缘，这样的孩子无论顺境逆境都会坦然面对，不会轻易放弃。

乐观的父母常常会培养出乐观的孩子，在这样的家庭里，家庭成员之间彼此平等、民主，彼此尊重，每个人的个性都得到保护与接纳，每个人都可以成为倾听者，相互信赖又相互独立。

很多父母会把送礼物给孩子当成一种给孩子带来快乐的方式，诚然，礼物的确是会给孩子带来一些快乐，但这种快乐常常是短暂的，因为孩子的天性是喜新厌旧，一件礼物很快就会让孩子从惊喜转为熟视无睹，真正持久的快乐应该来自跟孩子精神层面的分享，以及心灵的沟通。

父母应该在生活中重视这样几个与孩子互动的时间：

一个是就餐时间，早晨孩子的时间虽然很紧张，但你仍然可以在早餐桌上，夸孩子几句，告诉他看上去很不错，这说明他会有很开心的一天，也许话不多，但来自爸爸妈妈的夸奖与关注，仍会让走出家门的孩子一脸的笑容，这会让孩子无论在幼儿园还是在学校都精神愉快。

晚餐时间是很重要的与孩子交流的机会，可以与孩子分享一下他在幼儿园或学校一天里都经历了些什么，有哪些开心的事儿，或者有哪些不开心的事儿，这一天他都学到了什么，是否帮助过别人，这样的分享不仅会让孩子养成主动与你交流的习惯，还让他对这种习惯养成依赖感，这会成为他性格的一部分，让他即使长大了也会延续这种习惯。

晚餐时间可能是一个人一天忙碌的生活中最为放松与从容的时间，因为孩子一天都没有见到父母，他迫切需要和父母有一些心情的交流。快乐的晚餐时间，是一个家庭是否快乐的标志。

在这种时刻，父母最好的角色是倾听者。面带笑容，眼神专注地倾听会让孩子感觉父母极其重视他的存在，父母偶尔也可以给孩子一些建议，但这些建议一定是在尊重孩子的前提下提出的。

父母也可以跟孩子在晚餐桌上分享一下自己一天的经历，这其中包含父母自己的生活体验，不要阻止孩子对你的分享发表评论，因为那正是他在长大、他在关注你的标志。

据我所知，中国现在许多家庭都不太重视就餐时间与孩子的交流，还有许多父母习惯在就餐时间指责与批评孩子，抱怨丈夫或者妻子。尤其是那些晚餐桌上爸爸很少出现的家庭，妈妈可没有那么好的心情与孩子互动，而孩子也只能尽可能快地消灭掉眼前的食物，因为如果吃得慢了，妈妈又要不高兴了。

现在的生活水平都提高了，家家的餐桌上都少不了美食，可在沉闷的氛围中，谁又能吃得高高兴兴？

所以，一个能给孩子带来快乐的家庭，首先需要把快乐的就餐时间还给孩子，要做到这一点并不难，只要爸爸妈妈调整一下自己的理念和行为就可以。

还有一个关注孩子心灵，与孩子有很好的互动的时间是睡前阅读。

这个时间大约半小时就可以,通常是在孩子上床以后,爸爸或者妈妈带着一本孩子喜欢的书与孩子共同分享。

这时请把房间的灯光调暗一点儿,让孩子舒服地依偎在你的身边,你可以用轻柔的诵读与孩子分享书中的故事,也可以在孩子上学以后,由孩子自己轻轻地读给你听。

阅读的书籍可以是童话、小说,也可以是人物传记,内容随着孩子的年龄进行调整,但尽量选择一些充满了英雄主义、乐观主义的故事,这会给孩子非常积极的影响。

睡前阅读对孩子的一生都特别重要,它不仅是父母与孩子之间最直接的精神交流,还是父母在人生观与价值观等方面对孩子最重要的影响。

喜欢睡前阅读的孩子,大多数长大以后与书籍亲近,想象力丰富,性格沉稳专注,有一定的耐心,并且知识面比较广,功课比较优秀。

现在很多孩子到时间也不愿意上床睡觉,和大人一起看电视熬夜,就是因为从小没有养成好的习惯,也有不少爸爸妈妈把孩子哄上床以后,宁愿让他自己拿 iPad 玩儿,也不会愿意陪孩子待一会儿,让孩子睡前这点儿非常宝贵的亲子时间就这么浪费掉了。

睡前阅读不仅能让孩子很快乐地享受,还是一个可以让孩子早早启蒙的好机会。著名的文学家鲁迅先生就曾在对母亲的回忆中提到,他在只有两三岁的时候,妈妈就着如豆的油灯给他念三字经、百家姓,让他对中国的传统文化产生了浓厚的兴趣,后来,鲁迅先生成为中国文学史上的大家,我想他的母亲功不可没。

对于表达能力不是很强,思维方式还在逐渐丰富中的孩子来说,睡前阅读是他跟父母最直接、最感性的一种交流。它有利于培养孩子的思考力,教会孩子提出问题。总被父母鼓励提出自己想法的孩子，无疑是快乐的。

父母们总是担心为孩子制造快乐的成本太高，可是你看，晚餐桌上的畅所欲言，孩子睡前的用心陪伴，这些都是不需要什么成本的快乐，它需要的就是父母的用心与智慧。

如果你还需要你的家庭更快乐一些，那就带上你的孩子出门旅行吧，也许不需要一个很远的地方，有山有水，有草有花，有金色池塘与翩跹蝴蝶的大自然就是最美的目的地。

让孩子尽情地与大自然亲近，感受新鲜的空气，探访一下默默工作的小蚂蚁，大自然的神奇会让孩子感到生命的奇妙，他会因此而更加关注这个世界。一个喜欢和大自然交朋友的孩子，心胸一定是豁达、开朗的，而乐观、大气的品格也由此而生。

乐观是一种具有感染力的品格，一个乐观的孩子走到哪儿都是受欢迎的。相反，性格悲观消极的孩子常常交不到朋友，面对挫折，他们常常做的就是抱怨命运，却忽视了自己个性中的缺陷。

快乐的家庭培养出来的孩子会更加完美。著名的宋氏三姐妹：宋霭龄、宋庆龄、宋美龄，就出自一个快乐的家庭。

这是一个虔诚的基督教家庭，父亲宋查理温和、大气，母亲倪桂珍坚强、乐观，他们的三个女儿从小便生活在这样一个平等、民主、相互尊重的家庭。在中国的女性尚没有读书的权利的时候，她们便可以自主选择到哪里去完成学业；在中国的婚姻大多数还只能包办的情况下，三姐妹已经可以自由地选择嫁给自己喜欢的人。大姐嫁给了孔祥熙，国民政府的财政部长；二姐宋庆龄选择了与国父孙中山共度一生，成为一代国母；而12岁就到美国留学的宋美龄，更是个性自由，心存大志，最终嫁给了一代枭雄蒋介石，尽管命运多舛，一生经历无数风雨，但宋美龄以其乐观、大气的个性活到106岁，最后安然终老于美国纽约。

宋氏家族作为上个世纪颇具传奇色彩的一个大家庭，在那个封建而传统的社会，其民主、快乐的家庭氛围给了诸多儿女个性成长、品格养成的机会。

作为孩子的父母，也许你真的不必为给不了孩子花团锦簇的生活而感到忧虑，其实，孩子要的很少，一个关注的眼神，一次耐心的倾听，一个深沉的拥抱，孩子就会很快乐。

快乐的家庭还有一个很重要的特点，那就是善于用非语言交流。

不管你的孩子是3岁还是13岁，他都非常需要你的肢体语言的表达，每天都拥抱或亲吻一下你的孩子，不仅对他是一种心灵抚慰，还是一种可以迅速化解隔阂的精神交流。

经常对孩子进行一些眼神或肢体的接触，可以增强孩子精神上的愉悦感，加强他与父母之间的信赖感。肢体语言的力量有时会超过语言的沟通，经常被父母拥抱的孩子，情绪相对稳定，攻击性行为很少，遇事能够冷静思考，思维方式不容易极端化，而且待人友善。

相比西方的父母，中国的父母常常疏于跟孩子的肢体语言上的交流，尤其是孩子在青春期以后，就更是少见经常拥抱与亲吻孩子的父母了。

实际上，青春期的孩子由于处于生理与心理的剧烈变化中，心理的孤独感增强，情绪容易不稳定，而这时又正是孩子学业压力最大的时候。这个时期的孩子性格叛逆，最容易跟父母产生疏离感甚至是对抗行为，无论从生理还是心理上说，这个年龄段的孩子都更加需要跟父母有肢体语言上的互动。有时候，父母一个温柔的拥抱就会让孩子孤独的内心得到抚慰，一个理解的笑容就能够化解孩子情绪上的暗流，一个亲吻能让孩子的委屈全部消失，所以，青春期孩子更需要父母的肢体语言。

想要孩子快乐，最简洁的途径便是要遵循孩子的天性，尊重孩子的个性，让家庭成为孩子快乐的源泉，这是父母都应当重视的责任。

我建议父母要学会做角色的转换，当你回到家，请把你在社会上的角色忘掉，因为那跟你的孩子无关，走进家门你就是孩子的爸爸或妈妈，请把那些因为你的职业角色而带来的烦恼扔在你的家门之外，轻松享受你与孩子相处的时光。

角色转换既可以让你暂时摆脱那些困扰，又可以给你的家庭带来轻松、愉快的氛围，放下那些沉重的压力，让孩子的快乐成为你最好的减压方式。

我相信天下的父母最幸福的事莫过于看着自己的孩子快乐，而孩子乐观开朗的性格却大多来源于他童年的经历，那些成年以后常常体验不到快乐的感觉的人，大多是因为童年有过不愉快的经历。

所以，别小看孩子儿时的快乐，它决定了孩子长大是否会是一个懂得享受快乐的人。在某种意义上来说，父母是孩子是否拥有快乐人生的第一制造者。

重要的是，这些孩子将来也要成为别人的父母，如果他是一个乐观、大气的人，我相信他将来的家庭也一定是快乐的，而他的孩子也注定少不了快乐的生活。

这就是生命延续的真相，也就是说今天父母们所做的改变，并不只是为了这一代人在努力。

中国的孩子缺少乐观、大气的品格，这并不是我的一家之言。我在国外学习的时候，就屡屡听到国外的老师评价中国的留学生，用功、认真，功课一流，但是不太懂得享受快乐，个性幽默、乐观的就更少。

甚至有的外国学生在跟中国的孩子接触时也产生同样的困惑，说中国孩子缺少幽默感，更不擅长开玩笑，经常大家说笑话，他们却面无表情或者神情尴尬。

我知道这些国外的老师和学生反映的都有些片面，但中国的孩子同外国的孩子相比，的确不够活跃，不够乐观。这当然跟中国的传统教育有关，但我认为更重要的还是中国的孩子得到的快乐太少，他们有的甚至已经失掉了快乐的天性。

所以，在家庭里多点儿幽默感，让我们的孩子每天都会因为看到父母的笑容而精神愉悦，这是一件多么重要的事。

只有快乐的父母用欢笑声陪伴，我们的孩子才会养成乐观、阳光的品格，这是一种很健康、很重要的品质。

著名的澳网冠军，女子网球运动员李娜，从小就是一个爱笑的女孩，在十几年的网球运动生涯中，从默默无闻，到世界闻名，李娜走过了无数洒满汗水的球场，但她却始终用自己超有魅力的笑容勇敢面对，在从来没有亚洲人拿过冠军的澳网大赛上，笑到了最后，获得了世界网坛的尊重。

出生于湖北一个普通家庭的李娜，最感激的人便是她的父母，是他们给了她快乐的性格，坚持的个性和乐观、大气的品格，如今，李娜被称为"中国网坛一姐"，而她那乐天、健康的形象也使她实至名归。

孩子就像父母撒向世界的一粒种子，虽然他会长成一棵与父母不同的树，但它随风摇动的叶子，却带着父母的印记，快乐的树会面向阳光越长越高，而悲观的树只会活在山的阴影下，多希望我们的孩子们都能成为一棵快乐的树，在阳光下舒展枝丫，乐观向上，去探求那无限的天空。

培养孩子控制情绪的品格

> 如果孩子不从小养成管理情绪的习惯,掌握控制情绪的方法,就会在生活中遇上很多难题,在成长中遇到很多麻烦。

（一）学会控制自我的情绪对孩子的成长有哪些好处？

情绪是人对事物的态度的体验，愉快、愤怒、恐惧、悲哀都是常见的情绪体验。一个具有良好的情绪管理习惯的孩子，应该在3岁以前就学会有效地管理和控制自我的情绪。

但在现实生活中，我们看到的常常是相反的情况，很多孩子在成年以后都无法掌控自己的情绪，情绪处理得不当，不仅给他们的生活带来了困扰，还会使他们的个人成长受到严重的影响。

前段时间发生的某公众人物的"家暴案"，就是一起典型的因情绪控制不当而爆发的个案。

曾因独创了一种英语教学模式而扬名的他，应该也算是一位成功人士，他的英语学习模式受到很多年轻学子的追捧。可就是这位在众人面前风流倜傥、文质彬彬的英语达人，在家庭里，在妻子面前却经常因为情绪冲动变身成为一个经常性家暴的"暴君"。

要不是他的外籍妻子在微博里展示了自己被丈夫磕伤的额头和抓痕累累的手臂，没人相信仪表堂堂、育有三个女儿的他还是一个家庭暴力的"施暴者"。

是妻子的勇敢，才让大家知道了身为精英人士的他不为人知的一面，知道了他一直是一个不太会管理、控制自己情绪的人。

他的妹妹也在后来的电话采访中透露，由于父亲从小对哥哥实施的就是"处罚式"教育，经常暴打年幼的他，这在一定程度上造成了他成年以后的情绪难以自控，经常选择极端方式解决矛盾冲突的习惯。

"家暴"内幕爆出以后,他在舆论的压力下勉强向妻子道歉,但他也在一直强调,是妻子的坏脾气和情绪失控导致了他的爆发,由此可见他的妻子也有可能是一位并不太擅长管理自己情绪的女性。

在接下来的电视采访中,这位公众人物承认自己的性格有缺陷,有时候会有暴力倾向,并且,情绪的自我控制力比较差,他坦言是事业的压力、夫妻关系的紧张造成了他情绪上的不稳定及心态上的焦虑,这种心理上的负面能量在承受不了的时候,就会转为负面的行为能量释放出去,对妻子的暴力实际上就是他负面情绪的一种宣泄。

他坦言自己需要心理医生的帮助,他已经意识到经常的情绪失控给他的事业和生活都带来了不可弥补的伤害,严重影响了他作为一个社会公众人物的形象与声誉。

尽管他的忏悔来得晚了一些,可是他毕竟开始有勇气面对自己的缺陷,并且在调整自己的行为与心态,以期得到妻子的原谅。

可是被丈夫屡屡伤害的妻子已经绝望,向法院提出了离婚,并且,会亲自出庭作证。一时间,离婚案闹得沸沸扬扬,使得这位公众人物多年以来营造的社会形象大大地受损,而且他的事业也将面临一场考验。

长期的情绪紧张、焦虑会引发各种身心疾病,尤其是正在成长的孩子,如果不从小养成情绪管理的习惯,掌握情绪控制的方法,他将来会在生活中处处碰壁,成长之路也不会顺利。

临床上,医生已经发现,有一些孩子的哮喘是由情绪紧张、压力过大引起的,而有些孩子的肠胃失调、消化不良则是跟焦虑、对抗的情绪有关。

如果孩子在幼儿时期就学会管理自己的情绪,那么到了青春期，他的身心冲突最严重的时期，他就会懂得如何来调节自己的情绪与外界的关系。

许多父母都有感觉，孩子在小学一二年级时都乖巧、听话，非常服从大人的安排，而一旦进入小学五六年级或中学，就会突然变得非常叛逆，甚至会和父母的意志对抗，情绪超级不稳定，处理问题特别容易走极端，让父母特别操心。

这样的孩子通常是从小就被父母忽视了情绪管理的教育，对自我的情绪控制缺乏体验或者是训练。还有一种情况是父母本身就是特别不懂得情绪管理的人，一有了负面情绪就随意宣泄，这种成长环境直接造成孩子的情绪管理的失败。

所以，想让孩子从小就懂得情绪管理，为人父母者首先要学会自我控制情绪，并且引导孩子学会控制情绪。保持稳定的情绪、养成良好的情绪管理习惯，这样的孩子不仅身心健康，不容易生病，进入青春期以后，通常也不会因为情绪问题而引发极端行为。

进入成年以后，良好的情绪管理习惯，也会使他们始终保持平和的心态，稳定的状态，善于待人接物，人际关系和谐，这样的品质通常会使他们拥有不错的人脉、比较可靠的社会支持，这对他们事业的成功和人生的美满，都起着重要的作用。可以说，学会自我控制情绪的品格，是一个让孩子终生都受益的可贵品格，是孩子一生是否顺利的保障。

（二）如何让孩子学会自我情绪控制与管理？

像所有的品格养成一样，情绪管理与情绪控制的习惯养成也是有方法的，最有效的教育应该在孩子蹒跚学步的时候就开始。

对于许多父母来说，由于对孩子的宠爱，往往会使他们忽视了对孩子情绪控制的训练，这使很多孩子还在婴儿时代就学会了任性。晚上睡前一定要妈妈抱在怀里才能入睡，睡醒了一看自己一个人待在房间里便会惊天动地地哭，这样的婴儿常常把一些新手妈妈累得苦不堪言，把全部的时间和精力都用在照料孩子上，却发现孩子依然动不动就哭。

这实际上就要求我们的父母，不管你的孩子有多大，你都不要一味地去满足他所有的要求，因为你的无条件满足会养成孩子任性的性格和行为习惯。如果你一直以为养育孩子就是无条件地满足他所有的要求，那你最终一定会有无法满足他的那一天。可是对于孩子来说，被满足已经是他的习惯，当你再也无法满足他的时候，矛盾就必然会产生。

可怕的是这种行为习惯会让孩子面对所有的人都是一种任性自我的态度，当孩子养成这种行为习惯时，做父母的就要警惕了，很有可能这种行为习惯会陪伴他终生，让他成为一个不受欢迎的人。

无论是在幼儿园里还是在学校里，我们看到那些任性的孩子，那些不善于控制自己的情绪的孩子，总是比较孤立，大家对他们的接纳度很低，这常常让孩子陷入人际关系困难的境地。

相信每一位做父母的都不愿意自己的孩子与他人相处困难，处处不受欢迎。因此，想要让孩子很容易就融入集体的范围，与他周边的人群和谐相处，父母应该从小就引导孩子学会控制自己情绪的方法。

1. 孩子在愤怒的时候如何疏导

有些孩子在愤怒的时候有不好的习惯，不但不顾地点和场合地大喊大叫，还会乱摔东西，把食物扔在地上，撕图画书，甚至对父母或保姆乱踢乱打，情绪失控得一塌糊涂。

孩子的这种宣泄情绪的方法不但让他自己很累，也会让父母和照顾他的人很累，很多时候孩子一场脾气发下来，不仅他自己累得筋疲力尽，父母也跟着疲惫不堪。这是一种非常不好的情绪宣泄习惯，如果发生在低龄孩子身上，那就一定要及时帮他矫正。

每个孩子都会生气或者愤怒，处理这种情绪的方法不同也就会导致结果不同。大喊大叫、乱摔东西的孩子可能暂时宣泄了他的怒火，但他的愤怒却严重地伤害到了他的身心，尤其是他的心灵，如果不学会正确的疏导方法，他可能会因此把错误都归结到别人身上。这种思维态势一旦形成，会给孩子的成长埋下严重的隐患，甚至会直接导致他成年以后的行为偏离。

正确处理孩子的愤怒情绪的方法是：当孩子发脾气时，父母一定要在第一时间搞清楚他突然不高兴的原因，切忌盲目地去哄去迁就，甚至纵容他随意宣泄。在搞明白什么原因以后，父母也切忌不分是非地满足孩子的要求。孩子的是非观一定要在他懂事的时候就开始建立，从小就要让他知道什么是对的，什么是错的，什么是可以做的，什么是不可以做的。现在很多人成年以后，没有明确的是非概念，常常把错误的事情当作是正确的，以致出现了种种后果，这些就是因为在小的时候缺乏父母的是非观念的引导和教育。

对处在愤怒中的孩子，父母应该先采取手段让他暂时平静下来，远离情绪的旋涡，在这种时候父母可以紧紧地拥抱他、亲吻他，轻轻抚摸他的后背，拍打他的肩膀。因为人在愤怒的时候，肌肉都会紧张起来，这会释放一种有害的化学物质，导致人的情绪更加冲动。在这种时候，拥抱、抚摸可以让孩子的肌肉放松，而且一个人在不开心的时候总会感到很孤独，尤其是孩子，有时他那绝望的情绪实际上是来自他的孤独感，父母一定不要把不开心的孩子扔在一边不管，让他独处，他会因此情绪更加激动。在这种时候，父母耐心的抚爱、家人友善的陪伴，都有助于孩子尽快恢复平静。

孩子恢复平静以后，父母一定不要以为事情已经过去了，不需要再处理了。孩子发脾气表面上看是孩子的情绪失控了，但其内在实际上有很多原因，平静下来的孩子看上去好多了，但他内心实际上还有好多困惑，需要父母去帮他解决。

如果是大喊大叫、乱摔东西的孩子，在他平静以后，父母一定要告诉他这种行为是不能被接受的，并且不管孩子愤怒的原因是什么，父母都应该给这样的孩子一些轻微的惩戒，譬如说要他把扔掉的东西捡回来放好，为自己的行为道歉，或保持沉默5～10分钟；或让他到自己的房间，待20分钟，没有父母的允许不许出来；或要他承诺以后再也不会用这种方式来发泄情绪等等，之后再对他表示原谅。

这些小小的"惩罚"手段，没有别的目的，无非是想告诉孩子，他这样做的后果很严重，是所有人都不能接受的，每个孩子都有希望别人接纳他的愿望，因此，这样的后果会让一些孩子感到后悔，并因此而改正。

在孩子生气和愤怒的时候，父母应该引导孩子学会几种用正确的方式宣泄或疏导这种不良情绪的方法。

①转移法

告诉孩子在他感到生气或者愤怒，非常想要发脾气的时候，迅速转移注意力，打开电视或者电脑，去看看自己喜欢的动画片，玩玩自己喜欢的电脑游戏，或者到外边找小朋友一起跑跑跳跳，这种行为上的转移，会很快导致情绪上的改变，尤其是孩子，情绪变化的频率比大人要快得多。如果一下子让他脱离了他感到愤怒的情境，并且又有愉快的事物在影响着他，孩子那种想发脾气的感觉很快就会消失了。

父母在看到孩子不开心的时候，一定要马上让他换个环境，或带他到楼下公园里走走，或让他出去踢踢球，运动一会儿，这对孩子来说也是一种情绪转移，转移了他的注意力，也就转移了他的情绪点。

孩子还小的时候可能不太能熟练掌握这种方法，因此父母应该耐心地引导孩子，经常去体验一下这种情绪转移法带来的感觉，体验多了，孩子有了切身体会，自然而然也就形成他的一种情绪控制的方法了。

②表达法

学会表达也是疏解情绪，避免情绪激化的一种好方法。在孩子学会说话的时候，父母就应该教会孩子说这样的话，"妞妞现在不开心了"，"妈妈，我有点儿生气"，这些话很简单，但却是在告诉孩子一个方法，那就是当你不开心，当你感到生气，想要发火的时候，你要说出来，要用正常的方式说出来，让你身边的人知道，而不是通过大哭大闹的方式让别人注意你。

当孩子学会这样表达以后，他们的不良情绪实际上就有了一个出口，他可以随时随地地用一种人们可以接受的方式，把这些情绪说出来。而当孩子把他生气的原因说出来以后，父母一定要认真地倾听，要用眼睛注视着你的孩子，记住他现在不开心，他需要你的关注。

这种关注包括目光的交流，安抚的动作，温柔的微笑，以及表示"同情"的身体的微微倾斜。

如果孩子学会了用表达法化解情绪，他就会把他生气的前因后果讲给你听，实际上在说话的过程中，由此而引起的一些负面情绪已经被弱化，只要孩子肯说，父母就应该认真倾听，给孩子一个用这种方式来宣泄情绪的机会。

经常用这种方法来化解情绪，孩子在成长中可以有两个收获：一个是孩子不会为了一点儿小事就大吵大闹，他会用与别人交流的方式来解决他的情绪问题；另一个就是孩子的表达能力一定会越来越强，良好的表达能完整地传达他的心理活动，经常跟别人交流也锻炼了他的表达能力，善于表达，对于孩子的性格养成也很有帮助。

③体谅法

也叫原谅法，就是要教育孩子从小就学会包容，不要因为一点儿小事不合心意就发脾气。让孩子在生气的时候，多想想别人的不容易，多想想别人的付出，把体谅别人、原谅别人当成化解情绪的一个积极的方法。

父母一定不要以为孩子在小的时候，跟他们讲这些他们不会懂，实际上孩子从出生开始便明白有些事情是什么样子的，只是父母以为他们不明白。

懂得体谅别人的孩子就不会总是发脾气，他们遇事会多考虑别人的感受，能够从他人的角度去思考问题，养成这样的思维方式，有助于他们化解对别人的不满情绪。因而，也就减少了因为愤怒而情绪失控的几率。

④分享法

父母应该引导孩子学会跟别人分享他的情绪，不管是开心的或者是不开心的情绪都可以分享，要孩子学会允许他人进入到他的情绪世界来，要让孩子从小就不要封闭自己的情绪世界，或者只会跟别人分享快乐，却把烦恼自己扛。

分享是一种很好的化解和转化情绪的方法，让孩子从小就学会跟父母、家人或者朋友分享自己的情绪，是一种非常健康的行为习惯。

懂得与他人分享情绪的孩子，一般性格比较外向，容易与人相处，跟他人分享情绪世界的行为习惯一旦养成的话，可以使他终生受益。愿意与别人分享情绪的孩子一般遇上问题不会走极端，他会向别人求助，以获得解脱。

2. 孩子的悲伤情绪如何化解

冬冬的外公最近刚刚去世,冬冬才5岁,从小跟着外公长大的他实在不懂为什么外公要离开他,为什么要去一个谁也不知道的地方。外公走的那几天,冬冬天天晚上睡觉前就会流眼泪,跟妈妈讲自己想外公了。

对于冬冬的悲伤,冬冬妈非常无奈,不知道该怎么说才能让冬冬明白"死亡"是怎么一回事。外公去世的事儿让冬冬一直情绪低落,食欲也大不如从前。

实际上3岁以前的孩子是基本上不太懂得悲伤是怎么一回事的,3~5、6岁的孩子,开始记事了,他便会知道伤心、难过是什么滋味。

这时的孩子,妈妈批评了他,他会委屈;丢了心爱的玩具,他会难过;和小朋友闹别扭,他会不开心,而朝夕相处的人要是离开了的话,他会感到悲伤。

这是孩子的情感萌发的时期,他已经渐渐体验到了别人对他的爱是一种什么样的感觉,也渐渐地开始明白爱别人是怎么一回事,因为懂得爱了,所以,孩子也就开始懂得悲伤了。

所以,当孩子为失去亲人而感到悲伤时,父母应该用比平时更多的爱抚来慰藉孩子,尽量多抽出一些时间来陪伴孩子,耐心地与孩子交流,多倾听孩子的心声,鼓励他说出心中的困惑。

对于大多数孩子来讲,死亡的确是一件不太好理解的事情,尤其是5岁的孩子,人们大都在7、8岁时才会懂得人原来总有一天要死去,会离开这个世界,而接受这个现实大多数需要到成年以后,甚至更晚。因此,接受亲人的离世,对于孩子来讲的确是一件很悲伤的事情。

可父母在这个时候不能因为无法说清楚就逃避这件事,故意不提，或者孩子一提就故意岔开话题。孩子的心思常常很小，容纳不了什么东西，如果孩子总是主动跟你提起这件事，那说明在他心里这已经是一个坎儿了，没有别人的帮助，他是迈不过去的。

父母如果觉得无法用人来给孩子讲，可以讲一些小动物的故事，譬如一只小狗从出生到慢慢长大，它有它的寿命，当它年纪大了、老了、病了，它就会死去，和离开我们的亲人一样，再也不会回来。

但是，它可能会留下它的孩子，就像外公去世却留下了冬冬，这就是生命的传承更替，是自然界的一种规律，世界上的万物都有这样的结局，谁也无法改变。

在给孩子讲述这些道理的同时，也要告诉孩子生命是很宝贵，离开我们的外公希望冬冬快乐起来，如果冬冬总是伤心流泪的话，外公也会伤心，外公还希望冬冬能够快乐地长大，那样外公就放心了。

这些话都是需要妈妈或者爸爸温柔地讲给孩子听的，在跟孩子语言交流的同时，多进行肢体的接触，经常地抱抱亲亲孩子，并且在他晚上入睡前，给他读一本有趣的故事书，或者讲点儿开心的小笑话，分散一下孩子的注意力，尽量帮他减少悲伤情绪的困扰。

在这种时候父母要多关注孩子，多观察他的情绪动向。如果孩子一直是闷闷不乐，还动不动就掉眼泪的话，那证明他还没有从悲伤情绪中走出来。这时候父母需要采取一些措施来帮助孩子尽快走出来，譬如安排一些小朋友来家里聚会，尽量让家里的气氛活跃一些。

如果亲人离世前是跟孩子一起居住，那就最好把孩子暂时带离这个环境，或者把一些旧家具处理掉，让家里换个面貌，这样有助于孩子忘却悲伤。

还有一个方法就是带孩子去旅行，到一个全新的环境里。陌生的地方有助于激起孩子的好奇心，尽快把那些悲伤的事情忘掉。由于孩子的心理能量小，他常常记住了新的事儿，便把过去的事儿给忘掉了。旅行会给孩子带来大量的视觉冲击和不同以往的信息量，这会冲淡他对以往的记忆。很多时候，我们会发现孩子旅行回来以后，长高了、长大了，懂事了很多，实际上这就是一种成长，而悲伤的情绪这门课是孩子成长过程中必须要经历的。

还有的孩子会因为玩具丢了而伤心，为了小朋友不理他了而难过，这种时候都特别需要父母耐心地陪伴他，帮他找找伤心的原因，让孩子学会自己哄自己开心，这对孩子来说是一种很重要的情绪控制方法。

现在很多孩子不开心了、伤心了，要父母哄很久并答应他们各种要求，他才会破涕为笑，这种方法是不可取的。孩子的不良情绪一定要他自己学会方法来化解，不能总靠父母的宠溺和迁就来解决，如果养成了这种习惯，对他今后的成长将特别不利。

在孩子伤心难过的时候，父母一定要让孩子学会坚强，不能动不动就哭鼻子，掉眼泪。告诉孩子出了问题要想办法解决，要冷静，不能除了哭什么也不做，要学会控制自己的眼泪。经常看到一些孩子，尤其是低年龄段的孩子，在饭店里，在大街上，不分场合与地点，稍有不顺心张嘴就哇哇大哭，惹得周边的人纷纷侧目，这样的孩子影响了路人的心情，即使他再乖巧、可爱，也会被瞬间减分。

而在国外的饭店、机场等这些公共场合，无论多小的孩子你都很少听到他的哭闹声，这就和父母对他的要求与疏导有关。国内的父母常常是对孩子无条件地满足与迁就，一旦无法满足孩子的要求时，也不会耐心地跟孩子解释或者疏导孩子的情绪，而是简单、粗暴地拒绝孩子的要求，于是，受挫的孩子哪怕在公共场合通常会不顾一切地大哭起来，因为通常他这样做就会达到目的。

国外的父母一般比较理性，他们有自己的底线，对孩子的要求通常是选择性地满足。国外的孩子从小就在这样一种教养环境中长大，他自然也有自己的底线，如果他的要求没有被父母接受，他会认为这也是理所当然。因为，在婴儿时代就懂得规则的他们，很少会为自己的要求被父母拒绝而哭泣，这也是国外的孩子无论大小，普遍很少哭的主要原因。

所以，要孩子学会控制不愉快的情绪，实际上还要与他和父母以及别人相处的规则入手，其中父母对孩子的引导以及要求都特别重要。

3. 孩子嫉妒的情绪如何控制

春春只有6岁，刚上学前班，可最近她每天早晨一起来就会把衣柜的衣服全部拿出来，站在镜子前，左顾右盼就是拿不定主意穿哪套。

妈妈觉得春春很反常，就开始观察她的情绪变化。果然，春春这几天的情绪都不太好，每天一见到妈妈就开始说学前班里的小朋友，不是说这个不好，就是说那个一点儿也不漂亮，好像全班小朋友只有她最好、她最漂亮似的。春春妈妈知道女儿开始对别人有嫉妒心理了，是这种嫉妒心理直接导致了春春情绪的变化，让她变得闷闷不乐，甚至老想找理由不去学前班。

于是，春春妈妈找到了我，面对这么小的孩子的嫉妒情绪，这位妈妈有些束手无策了。

我告诉春春妈妈，嫉妒情绪本来是人的本性中的一种，它来源于人的本能和天性，因为只要是自然界的生物便存在着一种竞争意识，而因为有竞争，便会产生嫉妒情绪，但这也仅仅说明它是一种本能的情绪而已。随着人类的进化和受教育程度的不断提高，人类的许多负面情绪已经在越来越多地远离我们的生活，而嫉妒情绪却常常存在于人的潜意识里。

人成熟以后，都会有情绪控制的能力，这种情绪是不会轻易流露出来的。因为在人类社会的规则里，嫉妒是一种比较负面的情绪，带来的是消极的能量。因而，成年人都懂得去掩饰自己的嫉妒情绪，不会把它暴露得特别明显。

而对于孩子来说，由于他还不太懂得情绪控制的方法，因此，他有什么情绪都会流露出来，常言说"童言无忌"，就是这个道理。

春春才6岁就已经懂得嫉妒别的小朋友，这可能因为她是女孩，因为女性天生比较细腻、敏感，心理容量小，容易被细节纠缠，因此，莎士比亚曾经说过，"嫉妒是女人的天性"。可这大都是针对成年女性所说，而春春还只是个小女孩，她的嫉妒情绪如果不及时引导、纠正，这对她的成长是非常没有好处的。

我建议春春妈妈先跟女儿好好谈谈，春春6岁了，她的思维能力、表达能力都应该可以把一些事情说明白了，搞明白春春的嫉妒情绪从何而来，才能找到化解她的这种情绪的方法。

原来春春的学前班小朋友中，有几个女孩是跟随父母从国外回来的，特别能打扮，还动不动就炫耀她们穿的是名牌，这让从来没有去过国外，也没穿过什么名牌的春春大为嫉妒。她每天早晨挑来挑去想打扮得漂亮一点儿，就是为了和这几个小女孩进行竞争，可竞争了一阵子，当她发现大家还是觉得那几个小女孩更漂亮一些时，春春开始情绪低落，每天见到妈妈就抱怨班里的同学不好，让她很不开心，这一切都是因为春春被嫉妒情绪控制了。

嫉妒是人的天性，这种情绪想要控制很难，但可以化解。在我跟春春的一番交流中，我发现这个6岁的小女孩那强烈的嫉妒情绪，实际上是来自她强烈的自卑，由于父母的工作都很忙，春春从小是跟着奶奶在外地长大的，6岁了要上学前班了，才被父母接回北京。

粗心的春春父母刚开始并没有注意到女儿对环境的不适应，以及她对学前班小朋友的情绪反应。因此，对她缺乏耐心细致的引导，只是一味地强调她要把功课学好，跟小朋友们搞好关系。父母的要求让春春压力很大，同时，她也对学前班的环境产生了抵触情绪，而这种抵触情绪最终以一种貌似嫉妒的情绪流露出来。其实，那几个从国外回来的小女孩只是春春负面情绪的导火索。

在了解到春春的心理状况后，我建议春春的父母从帮助孩子适应新的环境入手来改善孩子的自卑心理，譬如请学前班的小朋友到家里来给春春过生日，尤其是那几个从国外回来的小女孩。春春父母特意安排她们和春春一起拍照录影，然后把录影刻成光盘送给大家，在录影里春春和几个小女生一起又唱又跳，玩得很开心，似乎所有的不开心都忘记了。

这次生日聚会让春春的自信心恢复了不少，看着春春重新开始活泼、开朗起来，春春妈妈告诉她，嫉妒是一种最没出息的行为，每个人都有自己的可爱之处，也有自己的不足，最重要的是人要有自信，尤其是女孩，既要尊重自己也要尊重别人，有竞争是一件好事，但要勇敢地参与，而不是躲在一边闹小情绪。

对于春春的自卑心理，春春的妈妈也主动找到了春春的老师，请她在课堂上多鼓励春春站起来发言，有什么集体活动多让春春参与或者组织，春春做了什么好事老师不仅在课堂上表扬，还要让同学们集体给春春鼓掌。

在家里春春妈妈开始引导女儿独立料理自己的生活，甚至把家里的一些小事情，譬如遛狗、浇花等交给春春，让她全权负责。通过一段时间的引导和鼓励，刚开始闷闷不乐的春春完全变了样，以前最不喜欢去的学前班，现在每天早上她都是第一个到，帮大家把桌椅排好后，春春就坐在自己的座位上看图画书，大家都越来越喜欢春春。

实际上这就是自信与快乐带给春春的改变，找到了她的嫉妒情绪的来源，也就找到了解决这样的情绪的方法。

在情绪方面，孩子实际上比成年人更好掌握，只要父母细心一些，孩子的各种情绪都可以很容易被发现。很多孩子的行为问题实际上都是由情绪引起的。因此，让孩子学会情绪控制，掌握控制情绪、化解情绪的方法就显得尤为重要。

当孩子成年以后走上社会，情绪管理的水平就直接决定了他的人生质量。那些从来不会控制自己的情绪，任由自己的情绪上下波动，造成性格极不稳定的孩子的竞争力要远远低于那些擅长控制情绪，性格稳定的孩子。

在生活中我们也常常会有这样的感觉，跟一个人打交道，如果他的情绪变化无常，从来不顾别人的感受，想怎么宣泄就怎么宣泄，这样的人我们通常会敬而远之，不愿意跟他相处。

生活是复杂而多变的，人的情绪也会常常随着他不同的际遇在变化，这是正常的，关键的是你要学会把握自己的情绪。如果你被情绪控制了，那接下来你就会把很多事情搞砸，尤其是对于孩子来说。成长过程中的情绪控制的学习能让孩子形成很多良好的情绪习惯。譬如，会化解矛盾，遇事不钻牛角尖，待人接物讲道理，处事大方而积极，这样的情绪习惯，会使孩子的人生成长得顺利而稳健，也会让孩子终生受益。

像所有的品格养成一样，学会情绪控制的品格也需要一个漫长的过程，需要在生活中一点一滴地积累，只要做父母的注意到了这个问题，并且，在孩子成长过程中去引导孩子学会情绪管理，帮孩子养成情绪控制，用合理的方法化解情绪问题的习惯，这些好习惯会伴随孩子终生，为其人生的成功打下牢固的基石。

培养孩子尊重他人的品格

孩子每次都形单影只,显得与他人格格不入。父母想过使孩子变得如此孤僻、不合群的原因吗?也许,您的孩子还不懂得尊重他人,最终让自己落了单。培养孩子尊重他人的品格,就是教孩子认识这个社会的第一步。

（一）为什么现在有许多孩子患上"社会不适应症"？

曾经有一位美国的心理学家说过，我们现在是生活在"他人世界"，随着经济的发展，我们的生活中充满了"他人"，我们享受着他人提供服务的同时也服务着他人，我们与他人相处的同时也陪伴着他人，他人无处不在，他人成了我们身边的世界。

所以，如何与他人和谐相处、共同发展成了我们的课题。尤其是对现在的孩子来说，由于独生子女政策，我们大多数家庭只有一个孩子，而一个在众星捧月般的环境中长大的孩子，如何面对他人的世界，如何参与到他人的世界中来真的是一个不可忽视的问题。

小蕊是一个22岁的女孩，学习服装设计的她大学毕业后的一年里，换了五次工作，但是依然没有找到自己喜欢的位置，她来找我做心理咨询，诉说了她在职场屡屡受挫的困惑，我发现她是一个典型的"他人世界"不适应症的患者。

她说在第一份工作里，老板很赏识她，委以重任，可同事们不喜欢她，常常因为她没有海外留学的背景而议论她，这些非议让她不堪重负，一气之下辞了职，离开了自己喜欢的岗位。

第二份工作是在品牌店里做服装导购，可干了没一个月，她就被那些挑剔的顾客气哭了好几次，感觉太受气，就索性辞职了。

第三份工作是在服装厂做设计，由于跟工人的沟通很差，她的设计常常被搞得面目全非，客户不满意就找老板，老板不高兴又骂小蕊，虽然是自己喜欢的工作，专业又对口，但小蕊还是坚持不下去最终辞职。

第四份工作是在一家财务公司做前台接待，这家有几百人的公司业务非常繁忙，小蕊既要接待来访的人，又要负责公司里所有人的后勤工作，每天忙得焦头烂额，公司人一多，事情就复杂，同事说小蕊厚此薄彼的风言风语也常常传到小蕊的耳朵里，时间一长，小蕊又受不了了，选择了辞职。

第五份工作是小蕊妈妈托了熟人，把她安排进了一家企业做文秘。刚开始时熟人挺照顾小蕊的，她感觉还适应，可这家企业是家族企业，企业里大大小小都是亲戚，关系复杂得让小蕊感到很有压力，似乎到哪儿都有无数双眼睛盯着她。在这家企业里她一个朋友也没有，每天工作之余感到非常孤独，对工作也渐渐失去了信心。于是，小蕊在这家企业待了不到两个月又落荒而逃，回到了家里。之后，再也没出去找工作。

表面上看是小蕊的运气不太好，遇上的工作都不太顺心，但归纳分析后就不难看出，其实是小蕊的社会适应能力太差，缺乏与他人相处的技巧与方法。

由于是独生女，小蕊是在父母的宠溺下长大的，父母对她呵护备至，有求必应，以至于让她忽视了他人的存在，认为这个世界的一切都应该为她所用，别人都应该照顾她的情绪与要求。

这种个性在她小的时候，跟社会接触不多的时候还没有让她受到什么影响，可一旦走向社会，真正开始参与竞争，小蕊才发现社会不像她想象的那样简单，社会不可能给予她在家里感受到的那种温情。在这里没有人照顾她的情绪，想什么就必须自己去争取，同一个机会有无数人在竞争，她的生活里挤满了他人，她必须变成一个能够照顾他人的人，才可以生存下去。

这让自我意识强烈，走向社会之前几乎无视他人存在的小蕊感到困惑与痛苦，她好像刚刚发现她身边有那么多的陌生人似的，她不喜欢他们，却必须与他们天天相处，发生交集，甚至去帮助他们，也让他们来帮助自己，而这一切是在具备良好的沟通情况下才有可能。小蕊的失败，正是来源于她的疏于沟通的习惯。

而对于小蕊的妈妈来说，女儿求职的屡屡失败也让她很苦恼。她想不明白，自己百般呵护，又读了名牌大学的女儿，怎么会在走向社会时不断遭受挫折。在我的开导下，小蕊的妈妈也意识到了自己从小就过于保护女儿，很少让她与外界接触，更很少培养小蕊与他人沟通交流的习惯，这一切是造成成年后的小蕊"社会不适应症"的根本原因。

要想避免孩子长大后的这种"社会不适应症"，父母必须在孩子还小的时候就引导他们认识他人世界，学会尊重他人的存在，学会与他人和谐相处。

孩子自从降临到这个世界，他就是一个属于社会的人，这是由人的社会属性决定的，这种属性决定了人最终要回归社会，而社会就是由他人组成的世界。

由此，越早让孩子意识到他的生活是与他人有关的，将来要由许多他人参与的，孩子成年以后的社会适应性就越好。

父母不应该只重视孩子在学校的考试成绩，将来有没有可能进名牌大学，而更应该多加关注对孩子的社会适应能力的培养，因为这是一种让他终生受益的品格。

而且，这种品格的培养一定要从小的时候开始，不能等到孩子踏进社会，才发现自己需要恶补社会适应能力这一课。虽然，在经历了一些挫折以后，大多数孩子最终会走出这一步，来让自己学习适应社会，但有些时候，过于严重的挫折却让一些孩子从此一蹶不振，甚至畏惧重新走向社会，造成人生的失败。

所以，早期的培养和教育，有利于让孩子尽可能地避免挫折或者减少挫折，提高他们的社会适应能力，为他们顺利进入社会做一定的准备。

（二）父母如何引导孩子学会尊重他人？

现在的年轻父母大多对孩子过于保护，不太注重让孩子接触社会，有的父母对社会充满了负面的评价，这些都会直接影响到孩子对社会的看法，是不利于孩子成长的行为。

告诉孩子一个真实而客观的社会，是父母的责任，更是父母的使命。你的孩子从来到这个世界起，就在为成为一个合格的社会人做准备。父母只是他走向社会的桥梁，他无法脱离，无法逃避身边的他人世界。因此，学会跟他人沟通交流学会与他人相处，学会尊重他人，是孩子成长中很重要的一门功课。

妞妞只有5岁，可是她已经能够很熟练地把妈妈给的零钱递给超市的阿姨，然后去冰柜挑一支和路雪的雪糕。每天从幼儿园回来，一进小区，见到爷爷奶奶，她的小嘴就叫个不停，大家都很喜欢这个懂礼貌的小宝贝。

妞妞的妈妈在送女儿去幼儿园的时候，总是叮嘱妞妞，要让着别的小朋友一点，老师布置的事情要多做一些，多照顾刚进园的小朋友，什么事不要光想着自己，要想到还有那么多的小朋友。

由于妞妞妈妈从小就经常带着女儿接触社会，5岁的妞妞大方、活泼，善于与人沟通。有时候，小朋友之间闹矛盾了，她还会主动为小朋友调解，每当有小朋友过生日时，她都会挑选一个礼物送给小朋友。当然，她过生日时收到的礼物就更多了。

跟小朋友的和谐相处，让妞妞每天都很快乐，这都得益于妞妞妈妈对她的引导。妞妞妈妈要求女儿尊重他人，重视他人的存在，并且，以与他人和谐相处为原则的教育方式，让妞妞养成了好习惯。

平时妞妞非常关注父母的存在，看到妈妈累了，就给妈妈倒来一杯水，要妈妈休息一下。看到爸爸回来了，就赶快给爸爸拿出拖鞋来，同样是独生女，妞妞身上却没有那么强烈的自我中心意识，凡事都懂得照顾他人的情绪，对于只有5岁的妞妞来说成为了一种习惯。

在幼儿园里，她也会经常帮助老师给小朋友分水果、搞活动。老师也非常喜欢妞妞，老夸她懂事，妞妞马上就6岁了，要进入学前班了，幼儿园的老师和小朋友都不舍得她走，都希望她能在幼儿园里再待一段时间。

尊重他人、关注他人，让小妞妞收获了她人生第一笔财富，那就是非常好的人际关系和比较强的社会适应能力。

实际上，当孩子被送进幼儿园，他就等于是进入了一个小社会，这里面虽然都是孩子，但也存在着竞争和相处困难的问题，如果父母过于保护自己的孩子，处处怕自己的孩子吃亏，不引导孩子学会和小朋友和谐相处，只照顾自己孩子的感受，就会造成孩子在幼儿园时代就出现"社会不适应症"。

只不过孩子太小，他常常不会准确地表达自己的困扰，因此他会用哭闹、抵触、甚至拒绝去幼儿园，来表现他在这个"小社会"的不适应。

父母在这种时候，一定不要把这些行为简单地理解为孩子只是不喜欢幼儿园。孩子出现这种情况，一定是与他人相处有了困难，这其中有跟小朋友相处的困难，可能也会有跟老师相处的困难。尤其是那些从小被老人带大的孩子，由于老人常常会因为隔辈亲而对孩子过于宠溺，有求必应，在这种环境下长大的孩子，由于跟外界接触得少，来到幼儿园这种环境，就会对身边的小朋友非常不合群，对老师的要求和管理也会产生抵触心理，进而引发他的"社会不适应症"。

所以，无论是老人还是父母带孩子，都要从小就让孩子多接触社会，多接触他人，让孩子从小就知道除了他以外，这个世界上还有那么多其他的人存在。

现在经常看到一些年轻的男孩、女孩，在公共场合，不是旁若无人地打手机，高声喧哗，就是在一起搂搂抱抱秀亲密，这其实是一种特别不礼貌的行为。表面看这些行为仅仅是一种教养问题，分析下去你却可以发现，这其中的内在原因是这些孩子在成长过程中缺少了尊重他人、关注他人的这一课，这让他们养成了无视他人，不在乎他人的习惯。这样的孩子你必定不会喜欢接纳他，这也是现在许多年轻人感到自己不被社会接纳的原因之一。

就像前面所说的女孩小蕊，她在换了五次工作以后，开始有些绝望，她觉得是社会不接纳她，她并没有意识到是自己的行为习惯出了问题。

随着大量的独生子女走上社会，进入他们的社会角色，因为与他人相处困难，或者极度不适应社会规则的个案越来越多，许许多多的孩子走上社会，都是在眼泪和跟头中寻找他们的生存之道。

实际上，如果父母在孩子小的时候就意识到这一点，重视培养孩子关注他人，或与他人相处的能力，许多挫折是可以避免的，许多失败也是可以挽回的。

还有一些父母也许会说：我也想让孩子接触社会，可有什么方式呢？

其实现在社会上有很多各式各样可以组织孩子一起活动的小团体、小机构，父母只要留意一下就可以找到。带孩子多参加一下亲子主题的活动，让孩子在活动中多接触别的小朋友，锻炼孩子跟陌生人打交道的能力，训练孩子的沟通与表达能力，尽量多地让孩子自己跟小朋友交流。

小朋友之间玩耍难免出现矛盾，在这种时候，父母切忌上前袒护自己的孩子，要尽量沉住气，把解决矛盾的权力交给孩子，让孩子们自己去解决，如果孩子们实在解决不了，父母再介入。

这样特别有利于孩子明白与他人相处的规则，而善于解决矛盾的孩子，也一定是懂得沟通之道的孩子，这些都是孩子将来适应他人世界的最需要的品格。

父母不能等将来孩子大了，再让他们获得这些能力，有些行为习惯是越小的时候开始培养，它的效果就越好。

如果不重视对孩子进行尊重他人的教育，孩子就会沉浸在自我的世界里不能自拔，尤其是现在的独生子女，由于没有兄弟姐妹，他们对别人的关注意识和重视程度都要远远低于多子女家庭里的孩子。

这既增加了他们顺利融入社会的难度，又加大了他们的人生成本。如果孩子从小就养成了重视他人的品格，那他就会很容易被社会接纳，与他人愉快地相处，会让他进入社会后，处处如沐春风。

学会尊重他人对于孩子来说是一种品格，更是一种行为习惯，养成这种行为习惯的孩子，长大后会处处照顾他人的感受，懂得感激他人的尊重，并且，在尊重他人的前提下获得他人的尊重。

在欧美一些国家的餐厅里，我们常常看到一些五六岁的孩子也会优雅地坐在座位上，悄悄地吃着东西，不时地冲人微笑。有时候，这已不仅仅是一种礼貌，而是一种深厚的尊重他人的品格。

在国外时，我经常会参加一些朋友的 Party，发现一些外国朋友非常在乎自己的孩子是否影响到别人，哪怕是婴儿，只要一啼哭，这些父母就会马上把自己的孩子抱出场外，离开大家聚会的地方，直到孩子不再哭闹时才会回来，这对他们来说也已不仅仅是一种行为习惯，而是一种深入人心的尊重他人的品格。

但是在国内，大家在公共场合大声喧哗，小孩子在商店里追逐打闹，大人们为了一个座位在公共汽车上大打出手，停车时为了一个车位互不相让，这种种只顾利己，不在乎他人的品格似乎成了中国人的标签。

这些年，我跟随旅行团也走过不少国家，可每到一地，都发现只要有中国人的地方就乱糟糟闹哄哄的，一点儿秩序感都没有，更别提优雅了。

富裕了的中国人每到一个国家都会蜂拥而至地去抢购名牌，为当地的经济做出巨大贡献，但这并不能得到当地人的尊重，一个很重要的原因就是大多数中国人只顾自己，很少或根本不在意别人的感受。不具备尊重他人的品格，使日益强大的中国人并没有真正获得他人的尊重。

当然，今天的中国人的品格养成有时代的特点，可是，我们不能再让我们的孩子也缺乏这种品格教育。因为等到他们长大，中国将更加强大，一个更加强大的国家拥有的将不再仅仅是物质的丰厚，它还需要更加优雅的品质，更加高尚的品格。

中国的传统文化中常常讲"以德服人"，这个"德"在某种程度上也包含着尊重他人，重视他人的意义，未来随着社会化分工的更加精细，我们的生活中将充满了"他人"，让孩子尽早地拥有"他人"的意识，学会尊重他人，并且养成尊重他人、重视他人存在的行为习惯，将使孩子终生受益。

培养孩子尊重劳动的品格

> 我们从小就受到这样的教育："劳动最光荣。"但是，如何让孩子理解这句话，如何让孩子尊重别人的劳动，尊重别人的劳动成果，父母就需要下功夫了：要让孩子尊重劳动，首先要让孩子爱上劳动。

（一）劳动是什么？

朋友的一个孩子才上小学三年级，有一次数学考了不及格，朋友非常生气，带着孩子来到建筑工地，指着工地上正在挥汗如雨地工作着的建筑工人，冲孩子吼道，"看见了吗？不好好学习，将来就是这个下场，在工地上推推水泥车，砌砌砖头，累得一身臭汗，还挣不了几个钱，你要是再不好好学习，将来也就只能干这个了。"

朋友对我说这件事情的时候眉飞色舞，好像他的教育方式很正确，可我听了却非常不舒服。劳动，曾经是最美最光荣的事情，如今却成了家长的反面教材，这种认知，这种价值观并不利于孩子的成长。

无独有偶，一位妈妈因为孩子的学习问题来找我咨询时，也跟我说过这样一件事：那次也是她女儿考试考得不理想，她就当着家里小保姆的面对女儿说："你瞧瞧，学习不好，将来就只能给人家做小保姆，你要是不好好学习，你连小保姆都做不了，因为你什么活儿都不会干。"

这位妈妈的教育方式也让我觉得很不理智，且不说当着小保姆的面这样说孩子，让小保姆多么没有尊严，就算是小保姆不在乎，这样的教育理念对她女儿也产生不了什么好的影响。

小时候我们在历史课上学到，是劳动创造了人类，劳动改变了世界，劳动给我们带来了美和财富。可为什么现在中国的父母们如此地瞧不起劳动，尤其是低层的劳动者呢？他们知不知道自己轻视劳动的态度已经直接影响到孩子了呢？

近几年，青少年犯罪率大幅上升，各种盗窃、抢劫案件不断发生，其中不乏一些抢劫杀人的恶性案件。这些案件的实施者大多数是年轻人，有的还是未成年人。排除其他因素，好逸恶劳、总想不劳而获的心态导致了他们的犯罪行为。

过去我们的社会尊重劳动者，劳动无上光荣的观念深入人心，可现在提起劳动者好像就低人一等，劳动者越来越不受尊重，甚至沦为"没出息"的代名词，这种价值观将直接给孩子带来误导。

很多父母不仅在观念上误导孩子，还在行为习惯上给孩子带来了不正确的选择。现在的孩子大多数都过着衣来伸手、饭来张口的日子，尤其是上学以后，父母们常常以不影响学习为借口，剥夺了孩子劳动的权利。

很多家庭的模式是家里面大大小小的事情全由父母来承担，孩子只管负责考个好成绩回来就行，这样的结果常常是孩子长大以后，除了会读书什么也不会，甚至连最起码的生存都维系不了。

我曾经在另一本书《问题男孩成长方案》中，写过这样一个男孩：他从河北考到天津来读大学，只来了三个月，就吵着闹着要回家。因为他生活完全不能自理，什么也不会干，把宿舍搞得一片狼藉，卫生极差，以至于惹起同屋的室友不满，纷纷要求老师把他从这个寝室调走，可再换一个寝室，他还是同样不受欢迎，并因此和同学的关系紧张，无奈之下他想要休学回家。

后来，为了支持他完成大学学业，他的妈妈不得已提前退休，在学校旁边租房，每天照顾他的饮食起居。在采访中他的妈妈告诉我，为了让孩子好好学习，从小到大她没让孩子洗过一次碗、扫过一次地，连内裤、袜子都替他洗。但是，她没想到，等孩子进了大学，从来没有做过一点儿家务劳动的他，生活不能自理使他成了"问题男孩"。

前不久，湖北大学新闻学会对武汉市的中小学生做了一次抽样调查，结果显示：武汉市的中小学生对家务劳动的疏远已经到了令人吃惊的地步，有近五成的学生从不倒垃圾、不扫地；近六成学生起床后从不自己叠被子；七成不洗碗、不洗衣服；九成从不洗菜、做饭。更让人吃惊的是3%的学生什么也不做，连自己的书包也要父母来整理。而另一个调查结果却告诉我们，82%的学生表示愿意做家务；30%的学生甚至认为做家务是一种享受，而却有高达70%的父母不让或从不教孩子做家务，可见责任主要出在父母身上。

犹太人常说这样一句话："如果父亲没有教给儿子谋生的手段，那就等于教他成为一个贼。"劳动是每个人的基本生存资格，美国哈佛大学的一些社会学家、行为学家和儿童教育专家，曾经对波士顿地区的456名少年儿童做过一项跟踪调查，发现从小就有劳动习惯的孩子，比不爱劳动的孩子生活得更愉快、更充实，其成年以后的失业率、犯罪率、离婚率以及患各种精神疾病的比例，均远远低于不爱劳动的孩子。

这个调查结果明确地告诉我们，劳动对于青少年的成长有着最直接和最重要的意义，不仅在于它能够磨炼孩子坚强的意志，还能够培养孩子的自主、独立的精神。

尤其是对于今天中国家庭的独生子女来说，学会劳动、尊重劳动的品格养成，将有助于孩子建立一个健康的人格体系。

一些心理研究表明，人的确并非天生喜欢劳动或对劳动有兴趣，这是因为人的本能就是"趋利避害"的。因此，劳动是一种需要用意识开导、意志强迫、情感认同的人为活动。由于它是一种非自主意识的行为，因此它不能靠自觉、主动来养成。尊重劳动、热爱劳动的品格习惯只能靠引导、教育和塑造来养成，因为是后天的养成，所以它对青少年的自立意识和积极人格的培养是最为有效的一种途径。

（二）如何让孩子喜欢上劳动？

孩子对劳动的态度取决于父母对劳动的态度。

我认识这样一位妈妈，她很喜欢抱怨，每天上班时抱怨，回到家里做家务时也抱怨，给孩子收拾房间打扫卫生也通常抱怨个不停。所以，她的女儿15岁了，有时在妈妈的要求下做一点家务劳动时，女孩也会不停地抱怨，一副很不开心的样子。

妈妈的抱怨直接导致了孩子对劳动的厌恶，这样的女孩长大以后能不能成为一个不抱怨的主妇就很难说了。

还有这样一位妈妈，她每天在做家务时都打开音响，放点儿音乐，然后，跟着音乐的节拍去劳动，看着房间在自己的手中越来越整洁、漂亮，纤尘不染。

她的儿子虽然才只有6岁，却深受她的影响，经常帮妈妈倒垃圾、擦桌子，干一些他力所能及的家务劳动。时间一长，妈妈的大扫除成了母子俩情感交流的好机会。

实际上，孩子在小的时候都特别爱帮助人，特别喜欢劳动。有的孩子才2岁就会帮妈妈拿东西，给下班回来的爸爸摆放拖鞋，有的孩子还会在父母的引导下洗自己的小袜子。

可孩子为什么越大越不喜欢劳动了呢？

很大程度上是受父母的影响，父母是否尊重劳动，父母是否喜爱劳动，父母是否对劳动人民有礼貌，这些都会直接影响到孩子对劳动的看法和态度。

还有一点就是父母是否给孩子劳动的机会和权利。对于现在的大多数独生子女家庭来说，主要现状是：不是孩子不愿意参加劳动，而是父母把所有的事情都包办了，几乎剥夺了孩子劳动的权利。

在美国，大多数家庭几乎都懂得让孩子从小就参与劳动的重要性。美国的父母常常认为孩子在儿童时代对劳动参与的积极性，直接决定了他成年以后的富裕程度。

美国的青少年一般在学龄前就开始参与独立的劳动，譬如卖报纸、帮邻居送牛奶、帮家人修剪花园等等。开始读中学以后，孩子们会选择在假期外出打工，送外卖或做短工，赚取零花钱。

美国的父母对孩子参与劳动的行为特别支持，同时，也特别赞成孩子在家里参与家务劳动。

我在美国学习的时候，房东史密斯夫妇是双职家庭，夫妻俩都上班。史密斯先生是银行经理，收入不菲，但他的太太照样去图书馆做管理员。

他们的两个女儿，一个16岁，一个12岁，生活能完全自理。大女儿不但在外面兼职打工，积攒了上大学的学费，还承担了家庭里的大部分家务事，让史密斯夫妇经常在周末去俱乐部休闲度过二人世界。

小女儿经常帮邻居照看2岁的男孩，她的手机和自行车，都是用自己赚的零花钱买的，两个独立的孩子给了这个家庭无限的乐趣。

可中国的女孩16岁时在做什么呢？

小娅是一个正在读高一的16岁女孩，每天早晨妈妈要到她房间三次，才能把她叫醒，然后，妈妈会把牛奶热好、面包抹上果酱、鸡蛋剥好了皮，放在餐桌上，小娅洗漱完毕后坐在餐桌前把早饭吃掉，这时爸爸已经把小娅的自行车推到了电梯门口，背着小娅的书包，等小娅吃完早饭，把小娅送到楼下，目送她骑上自行车驶向学校，小娅父母才匆匆忙忙赶往单位上班，夫妻俩谁也来不及吃早饭，只能带到单位解决了。

中午小娅在学校吃午餐，晚上回来后，妈妈已经做好丰盛的晚餐，吃完晚饭，小娅把碗一推就回到自己房间，拿出作业开始写，小娅的妈妈收拾完厨房，开始给小娅洗衣服。

在这个家里，16岁的小娅除了需要把自己的成绩搞好以外，其他的都不需要操心，零花钱妈妈随时给，换手机、换电脑有爸爸支持，从来不需要付出什么的小娅，最讨厌的就是干家务活了。因此，她长这么大还从来没帮妈妈洗过一个碗。

对此，小娅妈妈觉得也很正常，她说："孩子要学习啊，哪有时间干家务活，再说，我们也不需要她干啊。"

在我的调查中，中国的独生子女家庭中像小娅这样的孩子很多，由于父母常常对孩子过于溺爱，很多孩子不是不喜欢劳动，而是失去了劳动的机会。

劳动创造了财富，劳动创造了美，这实际上是人类早已认知的一种观念。强化孩子的劳动意识，培养孩子喜欢劳动，尊重劳动，热爱劳动的品格，是一种迫在眉睫的要求。

从科学上讲，劳动和体育锻炼一样，是一种有意义的运动。劳动中，孩子的双手都在活动，这可以有效地刺激大脑，有益于左、右脑的开发，促进孩子形象思维和逻辑思维的能力发展，有利于孩子学习能力的提高。

劳动还可以改善孩子的呼吸与血液循环，促进生理的新陈代谢，有利于大脑的发育，并且对缓解大脑的疲劳有一定作用。因此，对孩子来说，学习之余做点儿家务劳动，也是很好的调节情绪和身体

的一种运动方式。

有一项调查显示,有劳动习惯的孩子成年以后,对于工作的态度更加勤快、主动,从小就喜欢劳动的孩子,通常都会有较强的责任感和义务感。而且,劳动还能培养孩子有爱心,关心父母、关心他人,乐于为别人服务;多参与劳动,实施劳动还可以让孩子学会自立、自强、自理,提高独立生活的能力,养成自我独立的意识,这有利于孩子成年以后担当意识的形成。

劳动还有助于培养孩子形成正确的人生观念,懂得奋发努力和自强不息,珍惜别人的劳动成果,尊重他人的劳动,学会尊敬劳动人民,建立平等的意识。

常常参加劳动的孩子,一般都会具备吃苦耐劳的精神,能够主动迎接挑战,具有较强的生存能力和社会适应能力。

父母要让孩子懂得,劳动本身是一种快乐的行为,父母在引导孩子劳动的同时,也应和孩子一同享受劳动带来的快乐,孩子经常参加家务劳动,这样的家庭常常是关系融洽、和睦、团结的家庭。

劳动本身是一种有创造力的行为,它有助于开发孩子的潜能,激发孩子内在的创造力。孩子在参与劳动时,经常会出现失误或过错,这时父母切忌对孩子的过失不依不饶,求全责备,而应该给孩子一定的犯错误的空间,让孩子在错误中寻找正确的方式方法,这种切身的体验和感受胜过任何说教。

孩子付出劳动,父母给予一定报酬是可以的,但千万不能把这种行为处理成简单的你付出劳动,我付出金钱,孩子的价值观需要正确的引导。实际上,在孩子付出劳动后,口头的感谢、赞赏和热烈的拥抱对孩子的激励作用,常常比金钱更能让孩子受到鼓舞。

在鼓励孩子积极参与家务劳动的同时,父母还可以引导孩子多参与一些公益活动和社会性的劳动。譬如到老人院里帮老人打扫卫生，去福利院陪伴孤儿，帮助邻居家中的老人……这些都是非常有意义和有价值的社会性劳动。

通过参与这样的劳动，让孩子从小就懂得帮助别人，并从帮助别人中收获快乐，收获人生有价值的体验。

我在国外学习的时候发现，美国的学校就非常重视学生的社会实践的经历，尤其是像哈佛、耶鲁这样的名校，它们不仅仅看重学生的学习成绩，更看重学生的爱心与参与社会实践的能力与经历。

娜娜是一位北京女孩，也是北京某名牌高中的尖子生，遗憾的是那年高考，她发挥欠佳与心中憧憬的北大、清华擦肩而过，失望中她把简历投向了国外的名校哈佛、耶鲁。

最终，娜娜被哈佛录取，成为了哈佛大学国际金融专业的一名大学生。谈起被美国哈佛大学录取的经过，娜娜至今非常激动，她说，实际上论成绩她在所有的报考哈佛的中国高中生中并不是最好的，可是，哈佛大学为什么最终放弃了很多高分的中国高中生，偏偏把橄榄枝投向了她，就是因为娜娜丰富的社会实践经历和多年的爱心付出。

原来，娜娜很小的时候就经常跟着父母去参加公益劳动，到养老院慰问老人，到孤儿院陪伴孤儿，在社区帮助邻居解决问题。

活泼开朗的娜娜，在学校里也是一名校园活动的积极分子。办诗社、做主持，但凡是学校的活动她通常都是积极参加，从不计较个人的付出。积极热情的生活态度，不计个人得失地全身心付出，为娜娜赢得了好的口碑和丰富的人生经历，而哈佛大学正是看中了娜娜的爱心与实践能力。正如哈佛大学的校长所说，哈佛是一所培养未来领袖的学校，而一名未来的领袖拥有的最起码的品质便应该

是爱心和奉献精神。

2009年,娜娜在美国哈佛大学完成了学业,她没有像其他中国学生那样,怀揣哈佛的文凭,一脚踏进华尔街,满怀踌躇地开始在美国掘金,而是放弃了高薪的工作,远赴中国的贵州偏远地区支教两年。

娜娜的选择让她的美国导师都颇为感动,导师说她在哈佛任教多年,像娜娜这样的女孩在中国的学生中是唯一的。

娜娜用她的经历改变了很多美国教授对中国学生的看法,让他们既佩服又尊重。而娜娜有了今天这样的选择,正是因为她的父母从小对她的引导和培养。乐于助人,热衷于参加公益劳动的娜娜父母,没有想到他们只是想让孩子参与一下,锻炼一些劳动的能力,这无心之举,却带来了如此精彩的收获,对娜娜的成长起到了不可替代的帮助。

因此,想要孩子喜欢上劳动,父母首先要做热爱劳动、尊重劳动的人,经常带孩子去劳动场所看看,感受一下劳动的氛围与环境。譬如,到饭店吃饭时,可以带孩子到厨房看看,对辛辛苦苦给客人做出了可口饭菜的厨师师傅说一声谢谢;到建筑工地看看那些阳光下辛苦劳作的农民工,让孩子对他们说一声谢谢,感谢他们建设了我们的城市。

让孩子在劳动者面前怀有敬畏之心,在别人为他付出劳动的时候怀有感恩之情,这些都有助于帮助孩子树立正确的价值观和人生观,也将会对他们的成长起到不可估量的作用。

在我的《中国第一代独生子女婚恋调查》那本书里,我曾经采访过这样一对"80后"夫妻,两个人都是研究生毕业,却对劳动深恶痛绝,尤其是家务劳动,这让他们婚后的生活充满了波澜,最后,这对小夫妻为了饭后谁来洗碗这个问题闹上法庭,并因此而离婚。

结婚仅三个月就匆匆离婚的这对小夫妻,让双方的父母伤透了脑筋。都是独生子女的他们,从小是在父母的宠爱下长大的,为了不耽误他们的学习,两个孩子的父母包揽了他们所有的事情,从小到大女孩没有洗过一只碗,男孩没有擦过一次桌子,就这样两个从来没参与过家务劳动的孩子,在一起要开始他们的独立生活,显然会遇到很多麻烦。

两个孩子的父母没想到花去了大半生的积蓄,为两个孩子购房买车,给他们提供了尽可能的物质生活,却仍未让两个孩子获得幸福,快乐依然与他们无缘。

这个个案是目前中国家庭中非常典型的。两个孩子为什么不快乐?其实答案不言而喻,那就是他们从来不懂得劳动创造生活,从来不懂得靠自己的双手创造的生活才会是幸福和快乐的这个真谛。

如果我们从小就告诉孩子,是劳动创造了快乐,劳动创造了美,引导孩子从小就参与劳动,敬仰劳动,那当他成年的时候,就会把劳动当作一种很好的习惯坚持下来,这将会使他终生受益。

我国云南巴马县的老人多长寿,巴马也因此被称为"长寿之乡"。很多人慕名来此探访,想要寻求这里的老人长寿之谜,过了很多年以后,不断有各种猜测见诸报端,一会儿说巴马老人的长寿是因为巴马的水质好,一会儿又说巴马老人长寿是因为巴马县的地理位置和气候好,就在大家对这个问题众说纷纭,莫衷一是的时候,一位百岁高龄的巴马老人说出了他们长寿的秘密,那就是"劳动"。

在巴马,由于劳动力稀少,青壮年多外出打工赚钱,在家里田间劳作的大多数是老人，有很多八九十岁的老人照样下地干活，每天不停地劳作使他们身强体健，很少生病。

每到收获的季节，老人们忙着收割储藏，丰收的喜悦和成就感常常让他们身心愉快，因此，巴马老人大多性格开朗，豁达健谈，家庭和睦，邻里关系融洽，这就给巴马老人带来了比较舒畅的生活环境，巴马老人用自己的劳动创造了自给自足的生活，这让他们生活充实，精神愉快，我想这大概就是他们长寿的奥秘吧。

劳动不仅是一门生活的艺术，还是能够让生活变得更美更丰富的手段，从小培养孩子喜欢劳动、参与劳动的品格，是现在的父母迫切需要做的一种选择。

也有的父母会问：那孩子多大就可以让他尝试劳动了？其实，劳动的习惯在孩子越小的时候就越容易培养。

2~3岁的孩子可以让他学会把玩过的玩具自己放回到玩具箱里去，学会洗自己的袜子和内裤，父母们不要担心他们做不好，要给他们时间让他们慢慢地学会做这些事情，做得不好父母可以告诉他们如何做才能做得更好。

这个时候，父母的耐心最重要，不要责备孩子把水溅到地上或者衣服洗得不干净，要知道你的孩子他是在学习劳动，而父母的不耐烦和斥责只会挫伤孩子的积极性。

5~6岁的孩子，完全可以帮妈妈择菜，扫地，收拾自己的房间，叠被子，浇花，这些工作都可以放手让孩子去做，引导孩子学会独立。

8~10岁的孩子应该成为妈妈的小帮手，家里一些力所能及的工作都可以让他尝试去做，女孩在这时应该学会收拾房间，帮妈妈打扫卫生，用洗衣机洗衣服，开始对做饭感兴趣。

男孩在这时应该在陪妈妈买菜时，帮妈妈提重的东西，帮妈妈擦地板，倒垃圾。

12~13岁的孩子，基本上应该熟练地掌握干家务活的技巧，并且应该参与一定的社会公益劳动，去帮助那些应该帮助的人，在家里应该尝试着做饭，并且下厨做几个菜给父母。做饭也是一个技巧性很强的劳动，孩子越早学会，他就越会受益。

现在有越来越多的孩子选择出国留学，要知道在国外留学的孩子如果不会做饭，那将是一种非常大的麻烦。因为国外去饭店吃饭是很贵的，而自己到超市买来食材自己在家做着吃就很便宜，这两者之间的生活费差别大概有几倍之大。因此，如果会做饭，孩子不但能吃上自己做的健康的美味佳肴，还会省下很多费用，这对大多数留学生家庭来说都是一件好事。

但据我所知，现在出国的孩子中真正会做饭的并不多，有的是在出国前恶补了一些做饭的常识，有的干脆就什么也不会做，曾经有一个留学生在微博里写道，他已经在国外吃了整整一学期的方便面了，好想念妈妈做的家常菜，可见做饭这个问题对于留学生来说的确是一个不可忽视的问题。

所以，父母们可以在孩子上了中学以后，专门抽出时间来教孩子做饭，一方面让孩子参与家务劳动，一方面也锻炼孩子的技能，这更有助于孩子将来安排好自己的生活。

14~18岁的孩子应该完全胜任一般的家务劳动，父母可以把很多工作交给他们，让他们独立去完成，这是强化劳动习惯的关键时期，这个年龄段的孩子如果厌恶劳动，嫌弃劳动，就会出现一些令人不悦的问题，譬如懒惰、自私、好享受却不愿付出，而这些品质一旦形成，是很难纠正的。

而且，这个时候正是孩子的叛逆期，如果他没有养成热爱劳动的习惯，不劳而获的心态常常会导致他行为偏离，很多抢劫、盗窃的青少年犯罪就出现在这个年龄段。

父母一定要在这个时候让孩子参与劳动，承担劳动，并且给他布置一定的数量与质量，这有助于他责任感和信用意识的建立。如果孩子能够按时按量地完成父母给他的工作，这将成为他品格的一部分。

尊重劳动就是尊重人类自己，尊重劳动就是尊重自己的父母，尊重身边所有为梦想而辛勤劳作的人，这个观念应该在孩子小的时候就告诉他们，让他们在劳动中成长，在劳动中成熟，懂得劳动的珍贵，懂得劳动的高贵。

培养孩子仁慈、善良的品格

> 为什么我们的孩子长大了,善念和仁慈反而更少了呢?要培养孩子仁慈、善良的品格,父母首先要起好带头作用,因为孩子仁慈品格的养成常常来源于父母的引导和行为影响。

(一) 现在的孩子怎么了？

前不久，网络上疯传一段这样的视频，一位妙龄少女穿着细细的高跟鞋，把一只弱小的猫咪踩在脚下，只见她高跟鞋不断辗动，很快鲜血涌出来，猫咪惨死在那个女孩脚下。这种虐猫行为让很多人都为之震惊，人们不敢相信，这个看上去只有十五六岁的漂亮女孩，竟然会有一颗如此残忍的心，活生生将一只猫咪踩死在自己脚下。

一时间舆情愤慨，不少网友在网上人肉这个虐猫致死的女孩，也有不少网友纷纷谴责那个女孩过于残忍，指责播放此段视频的网站过于不人道，群情激愤中我不由想问：现在的孩子都怎么了？

无独有偶，虐猫事件尚未平息，媒体又传来一位女大学生因为和男友分手失恋伤心，竟把当初和男友一起喂养的小狗放进微波炉里泄愤，可怜一只活蹦乱跳的小狗瞬间皮焦肉烂，惨死在微波炉里，女大学生和虐猫女孩一样遭到了人们的指责。

现在的孩子到底怎么了？这是我想知道的事情。

人性中的仁慈和善良为什么这么没有力量？为什么没有阻止她们做出这样残害弱小生命的事情？我们做父母的是否从小就要求自己的孩子做人做事要仁慈善良？

我相信大多数父母是这样做的，但也可能有些父母根本就没有注意到这一点，让孩子在成长的过程中随心所欲，没有信仰和底线，像这样缺乏是非认知的孩子长大以后对自己的行为缺少管制，做出了让人无法接受的事情，往往并不自知。

人之初，性本善。在中国似乎是一句耳熟能详的名言，它告诉我们,几千年前的先哲就已经发现了人性中最重要的品质就是善,尤其是当孩子小的时候,他所拥有的善念就更多更纯粹一些。

为什么我们的孩子长大了反而善念与仁慈的行为变得更少了呢?这里面除了环境和自身经历的影响以外,我想很重要的影响因素还在于父母的引导和教育。善,虽然是一种本能,但它并不是一种能量强大的力量,很多时候它会被欲望摧毁。因此,想要建立孩子心灵中仁慈、善良的观念,就必须在很小的时候,给孩子的心灵撒上仁慈与善良的种子,并让它在阳光下发芽、生长,直到长成参天大树。

小时候经常听妈妈讲这样一个故事:有一家人很穷,住在村口,有一年风雪交加,这家的妈妈在家门口发现了一个快要冻僵的乞丐,她招呼几个孩子把乞丐抬进家门,又用家里剩下的唯一的一把米煮成米粥,给乞丐灌了下去。第二天,乞丐醒了过来,看到一家人都因为没有饭吃而饿得瑟瑟发抖,他很过意不去,可是这家的妈妈说:"我们没事,饿惯了,最重要的是您醒过来了,一把米救一条人命,值得!"乞丐千恩万谢走出了救他的这户人家。后来,很多年以后,妈妈已经去世了,几个孩子书读得很好,老大已经考中了进士,却苦于没有盘缠进京谢恩。这时一位僧人飘然而至,送来了几锭银子,告诉他们是菩萨专程让他来拜谢恩人。

这几个孩子才恍然明白,原来他们的母亲用家里仅剩的一把米救活的那个乞丐,竟是到人间暗访的观世音菩萨。没想到他们的母亲一次小小的善举,竟积了这么大的功德,给家里带来了如此多的福荫,不由得让人更加肯定了善的重要。

记得当时听妈妈讲这个故事时我才6岁,尽管这个故事充满了佛教中的所谓因果报应的宗教色彩,但还是给幼小的我留下了深刻的印象。可能也就是从那时起,帮助弱小、扶贫护弱的种子就在我的心里扎下了根，从那时起我已经立志要做一个善良、仁慈的人。

现在的孩子处在一个媒体信息极为丰富的时代，妈妈的故事也不知道早已更换了多少代，可不知道还有多少妈妈会经常给幼小的孩子讲这种使人向善的小故事。

现在的妈妈们忙着带各种孩子进补习班、特长班、兴趣班，忙着给孩子培养各种各样的专长与技能，反而都会忽视对孩子进行品格方面的培养。

仁慈和善良是人的良知，孩子只有在童年时代具有善良的同情心，长大后才会有仁慈的品质，才能真正具有爱己爱人之心。

著名的法国思想家、教育家卢梭曾在他的著作《爱弥儿》中这样写道："当儿童意识到他自身时，他的行为并无道德意义，只有在他的意识扩及自身以外时，他才第一步形成善恶的情操，第二步形成善恶的观念，这两者便真正使他成为人，成为人类中善与人相处的一分子。""只有这样，善良的人可凭他的美德感到骄傲。""儿童若不明了他人的感情，便是只知自己的苦痛，而不知别人的苦痛，这不能成为有道德的人，只有设身处地去感受和体验别人的痛苦，那同情心便由此而生，这便是按照自然程序可以感动人心的最初的情操。""我们应当引起他们仁慈、善良、同情和宽厚之心，引起一切善的热情，这种热情可以阻止嫉妒、贪婪、仇恨等心理的成长，同情心、怜悯感，是防止和克服儿童自私与冷漠情感的解毒剂。"

卢梭是上个世纪法国著名的教育家，《爱弥儿》来自他对儿童的教育实践与理论的研究。他在很久以前就提出了对儿童的教育主要是道德情操的教育，与今天社会的主流价值观不谋而合。

在中国的传统文化中，仁慈常常与心灵有关，我们常说仁慈的心灵是高贵的，而善良则常常与行为有关，"勿以善小而不为，勿以恶小而为之",是流传了许多年的家训。

孩子的情感形成,常常来自父母对他的关怀、爱护与同情,因此父母要注意对孩子良知的培养。良知是对于善的热爱和对于恶的痛恨,是道德情感的集中体现。人的同情心、怜悯心都来自良知,一个有良知的人,能够理解和体贴父母抚育的辛劳,会由此对父母产生感恩之情与报恩之心。对孩子良知的培养是每一位做父母的责任,只有具备良知的人,才会拥有仁慈、善良的心灵。

(二) 如何培养孩子仁慈、善良的品格?

品格教育是一种无法量化的行为习惯的培养,相当于技能教育。它的结果是隐性的,不是马上就可以表现出来的。它就像一座高楼大厦需要坚固的基石一样,品格教育是人成长中的基石,如果基石不牢固,再美的城堡也会坍塌。

在家庭教育中,仁慈与善良的品格教育应该在孩子懂事的时候就开始进行了,让孩子从小就懂得同情:怜悯别人,懂得不能把自己的快乐建立在别人的痛苦之上,懂得帮助别人。

仁慈与善良的品格养成,首先来自对生命的敬畏感,让孩子从小就懂得尊重生命,敬畏生命,珍惜生命。

只有懂得了尊重生命,敬畏生命,他才会怜惜所有的生命,珍惜自己的生命,仁慈包容其他的生命,才会有善言善举。

仁慈的人是高贵的,常常具有高尚的情操与行为习惯,善良的人是豁达的,常常会对别人有更多的理解和爱心,遇到问题也不偏执于自己的理由与利害,这样的思维方式会让他理性阳光,与人为善,从善如流。

仁慈、善良作为一种美德,对一个人的成长发展具有不可忽视的积极作用,缺乏善良品质的人,是道德有缺陷的人,这样的人注定很难取得成功。

培养孩子仁慈、善良的品质,需要注意以下几点:

①父母以身作则

给孩子一个和谐的家庭,善良、友爱的环境,家庭成员之间充满了善意和友好,会对孩子产生非常好的熏陶,让他感受到善良的美好。

父母应该拿出善意来对待所有的亲戚、朋友、同事,包括邻居,有一些善意之举时也应尽量让孩子参与。譬如节假日回去看望老人、帮助朋友、到医院探视病人、帮助有困难的人,这些活动都应该带领孩子一起进行,让孩子耳濡目染善意善举给人们带来的快乐和美好,让他们在别人的感谢之词中,体会到仁慈、善良所带来的愉快感,激励他继续这样做下去,让他习惯于帮助别人。

②教给孩子表达善意的方法

很多孩子个性善良,也乐于助人,可是因为他们的能力和认知有限,他们想帮助别人或表达善意却不知用什么合适的方法,这就需要父母帮助孩子,告诉他们一些表达善意的方法,并且提醒他们,帮助别人要合适得体,避免给别人带来尴尬与不安。

③经常给孩子讲一些善良的小故事

孩子的心灵是需要滋养的,父母最好每天在睡前阅读中,加入一些和善良相关的小故事。孩子在入睡前的心灵是最纯净的,善良的故事大多比较美好,父母讲的小故事会对他产生莫大的感染力,会让他心绪平静,梦乡甜美,在这样的美好情感滋养下的孩子,心灵也会一步一步接近美好。

在讲故事的同时,父母可以把一些善良的道理融入进去,让孩子懂得善行是一件令人愉快的事,让孩子懂得与人友善自己也会获得快乐和他人的尊重。

别小看这些小故事的力量，有时候，它正是让孩子一心向善的心理支撑，就像小时候我听妈妈讲的那位用家里的最后一把米救了冻晕了的乞丐的故事以后，我也曾想帮助我所能看到的所有乞丐。

④给孩子创造机会，让他真正去体验实现善行的感觉

在德国的小学设有专门的"善良教育"课，让孩子学会照顾小动物。老师会买来小金鱼、小鸡、小狗、小猫等小动物，让孩子们带回家去喂养，亲自照顾它们，还要写饲养日记，来记录这些小动物的成长。

德国的老师还会带领孩子们走上街头，去关心那些无家可归的人，陪他们聊天，送给他们食物，跟他们一起散步，让孩子体验同情弱者、帮助弱者的感觉。

德国是引发两次世界大战的罪魁祸首，伤害了很多无辜的人们，但在战后，聪明的德国人善于反思自己民族的过失，因此格外重视对孩子善良品格的培养和教育，将其列为德国教育的不可或缺的部分。

他们倡导让儿童远离暴力，同情弱者。德国的心理学家已经找到了越来越多的证据证实，孩子在小的时候如果经常用模拟玩具"杀人"，长大后就很难成为和平人士。一些联邦议员也指出，让德国男童尽可能少地与玩具枪炮为伴是明智之举。

德国人对自己民族历史的深刻反思，让我们看到了他们对维护世界和平的诚意，也提醒我们很多父母，不要再对孩子沉迷于那些网络上的暴力游戏的现象视而不见，不要再热衷于给孩子购置各种玩具枪炮，要让孩子唾弃暴力，远离暴力。

父母也可以给孩子买一些小动物回来，让孩子亲自去照料它们，关心它们，体会小动物对他们的友善与感激之情。在与小动物

的善良和亲近中，孩子会体验到善行的乐趣。

小爽是一个 15 岁的女孩，她正处于青春的叛逆期，与父母的关系搞得很僵。和所有的独生子女一样，小爽的父母在孩子身上投入了全部精力与财力，可生活条件优越，物质基础丰富的小爽就是不理解父母的苦心，从不知道为父母对她的付出感恩。

后来，在小爽 15 岁生日时，小爽的妈妈给她买回一只名叫"转转"的小狗做礼物。转转只有两个月大，妈妈告诉小爽要好好照顾它，等它长大了就可以陪小爽玩了，小爽就不孤独了。

一直特别渴望养一只小狗的小爽，很高兴接受了这个礼物，从此她就尽心尽力照料转转，给它洗澡，带它遛弯，进进出出，形影不离。

可是转转真的太小了，它很容易生病，一生病就得输液，小爽经常抱着转转在宠物医院输液到深夜，有时饭都顾不上吃，就得带着转转去医院打针，几次奔波下来，小爽感觉，要养好一只小狗并不容易。

小爽开始变了，她不再和父母针锋相对，不再对一切都特别逆反，她开始变得温和而讲道理，变得温柔而又包容。因为转转，她甚至变得很脆弱，经常是转转一生病打针，她就止不住掉眼泪。

她开始体谅妈妈，觉得妈妈又要上班又要照顾家很不容易。她开始包容爸爸，觉得爸爸有时冲她发脾气都是因为想要她更好。

尽管小爽为转转倾注了所有的精力，可转转还是在一次生病之后离她而去，为此，小爽伤心了好几天。在妈妈的安慰下，小爽好像突然长大了，她不再任性，不再要父母为她做这做那还不满意，她开始懂得父母的不容易，体谅父母的难处，知道对父母多一些关心和照顾。

转转离开小爽以后，她没有再继续养小动物的打算，可她却把自己的压岁钱，全部捐给了一个专门救助流浪小动物的组织，并且经常去那个流浪小动物的收容地看望那些小动物。

原来的小爽只在乎自己的感受，现在的小爽更多的时候会站在别人的角度考虑问题，帮助别人使她体会到了自己存在的价值，善行善举使她开始明白人生的意义。

过去不爱笑的小爽变得开朗、阳光，经常有笑容挂在嘴角，善良和仁慈，让这个女孩笑得很灿烂、很温暖。

小爽的故事给我们的启示是：爱，的确是一种很伟大的力量，而仁慈与善良是爱心的支撑。

⑤支持与欣赏孩子的善行

6岁的超超还在上学前班，一次妈妈接他回家的时候，在公共汽车上他把座位主动让给了一位老爷爷，妈妈用亲吻来表示对孩子善行的支持。

5岁的灵灵在幼儿园里不小心与小朋友发生了碰撞，他顾不上自己的胳膊还在疼，连忙扶起小朋友，问他哪儿摔疼了，要不要给他揉一揉。

灵灵妈妈听老师说了这事儿以后，给了孩子一个热烈的拥抱，鼓励孩子善良、豁达的举动，并借机教育灵灵，跟小朋友相处，就是要别怕自己吃亏，多帮助一下别的小朋友。

一次下雨，7岁的丽丽看到同学没有带伞，就把自己的伞借给了同学，而她和妈妈打了一把伞回家，虽然到家以后，头发都淋湿了，可丽丽仍然很高兴，因为妈妈说她这样做是对的，并因此奖励了她。

孩子的心灵是纯洁的，如果父母经常对他们的善行善举给予肯定和表扬，他们就会坚持这样做下去，因此，当我们的孩子做了好事，帮助了别人的时候，做父母的一定要在第一时间肯定与赞赏他们，鼓励他们多做一些让他人感到快乐的事情，并且启发孩子想一下，帮助了别人，自己是不是也很快乐。赠人玫瑰，手有余香。

培养孩子仁慈、善良的品行的最好时期是孩子的童年，这是孩子人格形成的关键时期，而最好的老师是父母。因为父母的行为可以在很大程度上影响孩子的人生态度，最好的方式是言传身教，在潜移默化中建立起孩子的仁慈、善良之心。

做父母的不能一方面要求孩子仁慈、善良，另一方面却经常当着孩子的面刻薄地对待他人，做着与善良大相径庭的事情，这样会给孩子造成极为不利的影响，因而影响孩子的人生选择。

我的建议是父母最好带着孩子一起行善，我国传统文化中就有"日行一善，必有所得"的古训，带着孩子一起去保护环境和动物，一起去同情并帮助弱者，告诉孩子施比受更快乐，让孩子体验包容别人、宽容他人的快乐。

孩子生来是善良的，但这颗善良的种子需要好的滋养才能茁壮成长、根深叶茂，父母要做这颗种子的滋养者、保护者、引导者。

同时，所谓的善良并不是懦弱和胆怯。有的父母会说："我的孩子太善良了，会不会被人欺负啊？"这些父母会因为担心孩子被欺负，而让孩子学得自私和泼辣一些。现在的大学生有许多初入职场后都非常不适应，处处碰壁，事事不如意，有些是因为懦弱，而有些则因为过于自私和排他而不被大家接受。

实际上，无论在什么社会，仁慈和善良的品格都是最好的通行证，人们会因为你高贵的心灵而敬仰你，会因为你的善行而接纳你。

善良的人首先是一个宽容的人，宽容使他性格温和，乐于助人，能够理解和体谅别人的痛苦，而极少计较自己的得失。我在接受一些职场失意的年轻人的咨询时，总会问他："你总说别人不接纳你，可你为别人做了什么？有没有什么事让你得到了别人的感谢？"每当这时年轻人都是沉默的。

当我们只关心别人为你做了什么，却从来不在乎自己对别人是否有付出的时候，肯定是你的某些品质出了问题。仁慈是悲悯之心，更是能够有善意之行的前提条件。让孩子保持仁慈的品格，可以成就孩子心灵的最高境界。

具有仁慈、善良品格的孩子在世界上行走，父母就不需要担心他会失去方向，也不需要担心他会不被社会接纳，如果他愿意他会成为社会的主流，成为社会的中坚力量，也成为这个社会的希望。

孩子的仁慈品格的养成常常来自父母的引导和行为影响。2008年5月12日汶川大地震发生时，3岁的帅帅就在妈妈的带领下来到邮局，把自己的压岁钱3000元整，汇给了地震灾区的小朋友，成为当年捐款年龄最小的孩子。

也许对于3岁的帅帅来说，他并不真正明白捐款的意义，但他却懂得地震灾区的小朋友们失去了爸爸妈妈，没有了房子住，他的帮助会让小朋友们感觉好一点儿，至少还有人在关心他们。

帅帅妈妈的做法就非常值得赞赏。现在的城市孩子大多都生活在物质比较丰厚的家庭，看到他们每年在春节过后，拿着厚厚的压岁钱，不是去买名牌手机，就是名牌运动鞋时，我总是从心里感叹，如果父母给予我们的孩子一点儿引导，告诉孩子，可以把这些钱用在更有价值、更有意义的事情上那该有多好。

孩子的心灵本身就是慷慨与仁慈的，如果我们的父母再加以有效的引导和培育，每一个孩子都可能成为一个慈善家。

可现状是中国目前的亿万富豪很多，但真正能做到像美国微软的比尔·盖茨那样慷慨的却寥寥无几，慈善教育在中国基本处于起步状态。

妞妞是个7岁的一年级小女生,暑假的时候,她的家庭里多了两个小成员,那是妞妞的父母捐助的两个希望小学的孩子,放暑假到她家里来度几天假。

农村的孩子乍到城里来非常紧张与拘谨,可妞妞却与他们一见如故,不仅把她所有的玩具都拿出来和他们分享,还把她的书送了好几本给他们做礼物,十几天里她和这两个小伙伴成了最好的朋友,等两个农村孩子要回老家时,三个孩子都因为不舍哭成了泪人。

妞妞和他们相约明年再见,两个农村小朋友也邀请妞妞去他们农村看看。不久,妞妞的父母真的带妞妞去了农村看望两个受捐助的小朋友。从农村回来后,妞妞妈妈发现妞妞变了,她不仅把自己积攒的零花钱和压岁钱拿出来交给妈妈,让妈妈再去捐助两位农村的小朋友上学,又到姥姥和奶奶家动员姥姥和奶奶、姨妈和姑姑捐钱给农村的希望小学,在妞妞的发动下,又有几名希望小学的孩子得到捐助。

只有7岁的妞妞通过帮助别人得到了快乐,也成就了自己的仁慈、善良的品格,是妞妞的父母用自己善良的行为引导了孩子,也帮助孩子成为了一个有同情心、有高贵品格的人。

帮助别人是一件可以得到快乐的事情,那些经常帮助别人的孩子,会变得性格开朗、乐观大方、为人慷慨、精神愉快,善于与人相处。

而那些从来不会帮助别人,甚至从小到大都没有做一件帮助别人的事的孩子,就很难体会到善行善举的快乐。建议父母们带领你的孩子,从日行一善开始,"勿以善小而不为,勿以恶小而为之",每天都做一点儿帮助别人的小事,积极参与社会的公益事业,为成就孩子仁慈、善良的品格而多行一些善心善举。

培养孩子懂得爱、付出爱的品格

> 对于孩子来说,懂得爱、付出爱是一种重要的品格。要让孩子懂得爱,父母要常常在他们的身边,表达出爱意,让孩子获得最真实,也是最温暖的爱的感受。

（一）爱是什么？

一直很难忘记这样一件事，那是在我的亲子关系辅导课堂上，一位来自大连的14岁男孩一直在玩游戏机，他的妈妈和小姨在旁边一直劝他关掉游戏机，好好听讲座，可男孩不但不听，还开始把椅子倒过来，背对着讲台，继续往下玩。那一刻，我看见妈妈的眼泪涌了出来，孩子的小姨也哭了。

见妈妈和小姨都哭了，那个男孩大概觉得有些没面子，丢下一句，"真丢人！"就匆匆走出课堂扬长而去。接下来的课男孩一直没有再出现，课堂上只剩下男孩的小姨在坚持听课。我问男孩的小姨，男孩的妈妈去哪儿了？小姨说，妈妈在宾馆里的房间里陪着男孩，因为男孩拒绝来上课，男孩的妈妈也很无奈。

课程结束时，男孩的妈妈找到了我，要单独跟我谈谈。

原来这个大连男孩的父亲是做生意的，家庭条件很好，父亲很宠爱孩子，但却没有太多时间陪孩子。于是，妈妈辞了职，在家里做了全职妈妈，专门照顾儿子的生活。

由于是独生子，这个家庭上上下下都特别宠溺这个孩子，在家里他的需要是第一位的，连爷爷奶奶都要让他三分，无原则无条件，不讲究任何方式方法的溺爱，让这个孩子从小的成长就特别不顺利，学习成绩很差，个性调皮，非常自私与懒惰，好容易读到了初中，又染上了网瘾，到我的亲子课堂来的时候，已经在家辍学半年多了。

看到孩子出现了这个情况，孩子的父亲也有些着急，可是，在家庭的过分宠溺下，这个男孩的个性已经变得非常骄横、任性，而且还特别叛逆，才14岁的孩子，父母已经不知道该拿他怎么办了。

这是一个非常典型的因爱生悲的个案，是父母的疏于管教和过度溺爱，让这个男孩的个性畸形发展，甚至导致其行为的严重偏离。

爱，本来是一件很美好的事情，但过度的和不讲究方式方法的爱容易酿成苦果，尤其是对于成长中的孩子来说。因此怎样把握适度的爱，则是父母要学的一门功课。

而对孩子来说，懂得爱、付出爱则是一种重要的品格，常常会有人问，爱是什么？在我看来，爱是包容、接纳和尊重。只有这样的爱，才是科学的爱、理性的爱。

父母爱孩子，则首先要引导孩子懂得爱。像前面个案中所说的那个大连男孩，所有的人都爱他，而他却并不懂得什么是真正的爱。那些物质上的供给，个性上的纵容，生活中的满足，严格意义上讲并不能算作真正的爱。

因为人是有高级要求的动物，爱应该满足人的心灵与精神层面的需求。在中国的家庭里，有太多的父母过于看重对孩子的物质供给和满足。重物质而轻教养，这一方面导致孩子认为父母能够在物质上满足自己就是爱自己的表现，另一方面也让这种爱成为了一种单向的付出，即父母一直在为孩子付出一切，孩子却不懂得甚至不会为父母付出点什么，这一点在那个大连男孩的身上表现得淋漓尽致。

当他的妈妈为了让他能够好好听课而百般劝解的时候，当他的妈妈为了他的不听话而伤心流泪的时候，他的冷漠，他的无所谓，让所有在场的人都很难接受，这个男孩就是那种典型的只懂接受爱，却从不懂得付出一点爱的孩子。

实际上，孩子生下来都是懂得爱的，每位妈妈都会记得自己的孩子，对妈妈的第一次微笑，第一次亲吻，第一次喊妈妈，第一次对妈妈说"我爱你！"

可为什么孩子大了以后会变成这样？为什么父母把全部心血都倾注到了他的身上，而他却并不能理解父母、体谅父母？这就是一个爱的度的问题，一个爱的交流的问题。

做亲子教育研究这么多年，我最有体会的就是，那些叛逆、自私、任性，做事从来不顾忌他人感受的孩子，大多数来自两种极端的家庭，一种极端的家庭是特别缺少爱的家庭，另一种极端的家庭便是爱得过了头的家庭。

这其中又以爱得过了头的家庭为多数，在这样的家庭里，父母常常是付出爱最多的人，有时候这种付出跟家庭的经济条件并没有太多的相关。我曾经就遇到这样一位妈妈，她脚上穿的鞋已经20年了，而她儿子脚上却是限量版的名牌运动鞋，为了满足孩子想要名牌运动鞋的愿望，她曾经一个月不吃肉，把钱省下来给儿子买鞋。

这样做的后果就是，她儿子丝毫不为此感恩或愧疚，相反，他觉得妈妈的这种付出是理所当然的。

每个人都爱自己的孩子，这是本能也是天性。可是，爱是有方法的，并不是所有的爱都对孩子有利，也并不是所有的付出都是有意义的。父母懂得适度地爱孩子，懂得在爱孩子的同时也给自己留下一点儿空间，这不仅有助于让孩子懂得什么是爱，更有助于让孩子懂得什么是珍惜。

在美国的很多家庭里，父母和孩子非常相爱，但那也是有一定界限的。在小的时候，父母会尽可能地照顾孩子，但不会无原则地去满足孩子。美国的孩子很小就懂得想要什么需要自己去努力。

读大学时，许多孩子即使家境富有也会选择贷款读书，因为他们借的是国家的钱，不会给父母增加额外的负担。许多孩子大学一毕业找到工作就开始还贷款，这对他们来说是很正常的一件事，没有人会因此而感到委屈或丢脸。

尽管他们18岁就要独立生活，包括经济也要独立，你很少听他们抱怨自己的父母。相反，他们依然会很爱自己的父母，那些靠父母过上自己想要的生活的孩子，反而会被瞧不起。

美国的父母不会因为有了孩子，就放弃了自己的生活。他们照样周末会出去应酬、度假，过夫妻二人世界的日子。孩子独立以后，他们大部分钱都会用来旅行、享受生活。他们认为给了孩子自立的能力，就已经是对孩子最重要的付出了。

彼此独立，彼此互留空间的爱，并没有使父母与孩子之间的爱产生隔阂。圣诞节，美国的商店和机场挤满了人，几乎每个人都要回家看望父母，跟父母团聚一下，哪怕拖家带口，千里跋涉。回家，是每个美国人都向往圣诞节的理由。

而对于中国的父母来说，有了孩子意味着从此失去了人生的自由、生活的自由、时间的自由、财务的自由。

对孩子的爱彻底绑架了中国的父母，几乎每个家庭的老老少少都是以孩子为中心。孩子小的时候，他们停止了与朋友的来往，放弃了夫妻二人单独相处的机会，一切围绕孩子转。

孩子读书了，择校、考试、孩子的成绩，成了困扰每一位父母的问题。好容易考上大学了，学费、生活费，甚至连孩子在大学里交女朋友的"交际费"也得由父母来承担。

人到中年的父母不舍得为自己花一分钱，不允许自己享受一下生活，仍是一切为了孩子。等孩子大学毕业，找到工作，交到女朋友，安定下来，婚房又是必需的。于是，父母就得把老底儿全部拿出，甚至再加上爷爷奶奶的，为孩子付房子首付成了许多父母的选择。

有的人说中国的父母是最善于牺牲的父母，也有的人说中国的父母是最伟大的父母，可你问中国的父母为什么会这么做，他们的回答很简单，就是因为爱。

一个"爱"字解释了所有的行为，但结果却并不那么令人满意。从前两年越来越多的"草莓族"，即外表光鲜，却经不起任何挫折与打击的职场新人，到近几年越来越普遍的"啃老族"，这一代在物质较为丰厚的条件下长大的孩子，目前已备受社会诟病。

许多匪夷所思的事情就发生在他们中间。小罗大学毕业已经两年，他的父母在农村省吃俭用供他读了四年大学，四年里别的家境困难的学生都会去打工赚钱补贴上学的费用，但是他四个寒暑假不但没去打工，也没有回去看望父母，而是留在出租屋内天天打电脑游戏度日。没钱就伸手找父母要的他，大学一毕业就选择失踪，连他的父母都联系不上他。他的父亲没办法，在报纸上登了寻人启示，希望他能跟家里联系，可是，无论父母怎么着急，小罗就选择销声匿迹。

此事在媒体上一公开曝光，小罗成了众矢之的，这个曾经是家庭的希望的孩子，这个曾经承载了艰辛的父母太多爱的孩子，为什么会变成这样？他到底懂不懂得爱，成了大家讨论的话题。

前不久，接到这样一对老夫妻的咨询。老两口都已退休多年，每个月两个人加起来4000多元钱的工资，本来安排晚年生活没有太大问题，可是，老夫妻的儿子几年前大学毕业后，因为找工作一直不顺利，就索性待在家里做起了"啃老族"。两年前儿子结婚了，后来，有了小孩，小两口加上孩子，三个人继续"啃老"。由于孩子小，花销大，巨大的经济压力让老夫妻不堪重负。在劝说儿子、媳妇出去找工作未果的情况下，老夫妻来到心理咨询中心，想要找一个办法让他们的儿子走出家门。

看到这对鬓发皆白，却愁眉难展的老夫妻那么无助地坐在那里，我相信他们也曾经那么具有牺牲精神，为孩子付出了许多心血，可是这结局是他们没有想到的。

我相信正是父母这过度的、没有原则和底线的爱，造就了这样自私自利，以自我为中心，缺乏爱心的"无爱一族"。

这样的孩子在我们的生活中不算少数，还有越来越多的父母在造就着这样的孩子，他们习惯了接受爱，却不付出爱的习惯，他们对父母家人为他们的付出习以为常，却从来没有意识到自己也应该有所付出。

这实际上并不是一种爱，这只是一种权利的剥夺。父母用自己单向的爱的付出，剥夺了孩子也应该付出爱的权利。因为，没有人引导与要求他这么做。

孩子在这种单向付出的爱里是找不到平衡的，因为，性格乖张、行为偏离、不懂感恩、不会珍惜的孩子比比皆是，过度的爱使爱变成了宠溺，也使孩子变得更加不懂得爱，更别提付出爱了。

真正的爱一定是有节制的、适度的、双向的交流，不是以单方面满足另一方的需求为目的的，它更多的是精神层面的交流，是以关注心灵成长为主体的一种情感投入。

所以，我建议所有的父母，爱孩子要讲科学，讲方法，不能盲目本能地去爱，认为满足他所有的需求是你的职责。你一定要让孩子懂得，爱不仅仅是得到，爱更多的是分享，是付出，要给孩子留出空间和机会，让他学会爱别人。中国的家庭里多的是单向的爱的输出，所以，很多孩子在这种爱中并没有真正找到快乐，只有一个人开始懂得爱，并且学会付出爱时，他才会拥有真正的快乐。

（二）你的爱要让别人知道

许多中国家庭还存在着这样一种现象，那就是父母爱孩子，孩子并不认可，这样的家庭在物质上满足孩子的需求，较少关注到孩子心灵的成长。所以，很多父母到头来会很困惑：我们明明那么爱他，我们为他付出了一切，他为什么还不领情？

这大概跟中国家庭里过于含蓄的成长环境有关系。中国的父母善于不停地满足孩子的各种需求，却疏于与孩子在情感上有所表达。孩子小的时候情感互动还比较频繁，孩子大了以后，尤其是对处在青春期的孩子，父母就常常忽视了他的情感需求。

这也是这个年龄段的孩子性格突变，行为叛逆的主要原因。处在青春期的孩子，因为生理和心理的急剧变化，常常感到更加孤独，在这个阶段他比任何时候都更需要来自父母和亲人的关注与爱护。

但现实常常是，这个年龄段的孩子正处于中学阶段，学习任务紧张繁重，大多数父母在这时比较关注的往往是孩子的考试成绩与在班级里的排名，而对孩子的情绪和心灵成长关注较少，这样就会对孩子的心理发育不够了解，处在孤独感中的孩子常常会有一些极端的行为表现，他的目的无非是想引起父母的关注。但对于父母来说，他们常常会认为孩子怎么突然变成了让他们无法接受的样子。

所以，想要孩子懂得你的爱，父母还要学会表达。爱是从语言开始的，无论在多大的孩子面前，父母都不应该吝惜自己爱的语言。爱的语言是一种正面能量，它能使花儿开得更鲜艳，使鸟儿鸣叫得更欢快，也会把孩子的心灵滋养得更加丰盈。

想让孩子知道父母是爱他的，必须从跟孩子建立良好的沟通习惯开始。培养孩子跟父母无话不说的好习惯，语言交流往往是双向的，它当然也是一种非常好的情感交流方式。

父母想要跟孩子做爱的交流，多使用一些无语言交流方式和肢体语言方式都是很有效的。

无语言交流方式是指不需要语言表达的方式，父母可以在家里的醒目位置放置一块留言板，在上面经常给孩子留下一些爱的话语，用来鼓励和欣赏孩子，也可以制作一些小卡片，上面写上对孩子的赞赏和祝福，放在孩子的床头柜上，枕头下面或小课桌、餐桌等孩子经常待的地方，这种方式适合2岁以上的孩子，一方面锻炼孩子认字的能力，一方面也给孩子带来一些惊喜。

经常看到父母在爱心小卡片上的爱的表达，孩子会从内心感到愉悦，表现会更加积极、正面，心理也会更加健康，而且，他会懂得用同样的方式去对父母或别人表达他的爱。

肢体语言的表达通常是指父母用拥抱、亲吻或拍拍孩子的身体来表达对他的爱的方式。这种爱的表达方式在国外很普遍，国外的父母不论孩子多大都会从不吝惜他们的肢体语言，但在中国家庭里，由于中国的父母相对比较含蓄，跟孩子之间肢体语言的运用便显得不那么频繁。

我一直在建议中国的父母应该在与孩子的交流中多使用肢体语言，而我自己在家庭中也是这么实践的。

我的儿子就是在我的拥抱和亲吻中长大的。每天放学回来，我都会给他一个温柔的拥抱，问问他在学校里这一天过得怎么样，有没有什么不开心的事情。

每天入睡前，我都会亲吻儿子的脸颊，祝他有一个好梦，这样的习惯一直坚持到他上大学离开家。

但是儿子长大以后，他已经比我高很多了，我还是经常会拥抱他，然后跷起脚来亲吻他的脸颊，儿子有时会因此有些不好意思，但他会轻轻拍拍我的肩膀说谢谢妈妈。

都说人的身体是最敏感的，实际上你的孩子情绪怎么样，每天开不开心，遇上没遇上什么问题，父母用一个拥抱就可以感觉出来，经常被父母拥抱的孩子往往安全感比较强，情绪比较稳定，性格随和，青春期发生叛逆的几率比较小。

我的儿子就是一个非常懂得爱、付出爱的孩子，他从小就懂得父母对他的爱意味着什么，所以，他一直很努力，生活、学习基本不用我们操心，出国留学后，他会从很紧张的生活费中省下一部分钱来，放假回国的时候给每一位亲人和朋友买礼物。

自从出国留学学会了做饭，他每次回国以后都要给我们做几顿饭吃，每当吃着儿子烧的色、香、味俱全的菜，我这个做妈妈的心里就感慨万千，我觉得这就是懂得爱的孩子，因为他知道感恩，知道回报。

所以，做父母的想要孩子拥有懂得爱、付出爱的品格，一定要做到以下几点：

①对孩子不要付出太多，干预太多

不要为孩子包办一切，让他有自己独立成长的空间和机会。就像我儿子，我从小就让他独立整理自己的房间和衣橱，负责自己的衣服和鞋子的搭配，由于他养成了打理个人事务的习惯，走到哪儿他都会把东西放得整整齐齐，非常有秩序，而且，在穿衣戴帽上非常有个人的风格和品位。

由于他自己整洁惯了，有时家里乱点他反而受不了，不等保洁工来打扫，他就自己动手整理起来。作为一个男孩，他这种爱整洁、爱干净的习惯我特别赞赏，这一切实际上就是我放手让他自己去负责的结果。

②不要总想着满足孩子的一切愿望

现在的父母为什么总觉得很累，压力很大，我觉得很大程度上就是因为总想不顾一切地满足孩子的一切愿望，这实际上是很不理智的一种做法。在西方发达国家，即使是富裕的家庭也一直在提倡对孩子要实行"有限供给"，并且，要延迟孩子的满足感。

但这种理念在中国的父母中几乎行不通。中国父母似乎习惯了有条件要上，没有条件创造条件也要上的惯性思维，只要孩子提出来的愿望，不管是合理还是不合理的，也不管是不是超越了父母的能力的，几乎没有父母会舍得拒绝孩子，以至于出现了有的父母要卖肾，只为了给孩子筹钱买一个苹果手机，有的父母倾家荡产支持孩子追星，有的父母自己紧衣缩食，只为孩子能够穿上名牌。

你若问中国的父母为什么要这么做，他们肯定会异口同声地回答，因为爱孩子。可是这种爱，孩子懂吗？这种爱会爱出好孩子来吗？在这样的爱中长大的孩子会懂得付出他们的爱吗？

所以，留一点儿遗憾给孩子，留一些空间给孩子，让他们知道父母不是万能的，有许多东西得靠他们自己去争取，去努力，不能总是想靠父母去给他信手拈来。

③真正的爱是学会感恩和分享

古罗马学者西塞罗曾经说，"感恩不仅仅是所有品德中最伟大的一种，更是所有品德之母，发展心理学家也说，感恩和谦卑有保护和稳定的功能，是维持一个人的精神健康平衡最重要的力量。"

心怀感恩是一种可贵的、积极的人生态度，也是一个人是否能够成功的重要前提。现在的孩子备受社会质疑的便是他们的感恩心态，这一点连他们的父母也倍感无奈。

实际上这也很正常。现在的孩子多是在爱与宠溺中成长起来的，生活中极少需要他们付出的机会，父母也很少舍得让他们付出。大多数孩子处在有求必应，甚至无求先应的生活状态中，当一个人不经历磨难，不体会失去的滋味时，他通常不会有感恩和珍惜的心态。

我们的爱没有让孩子学会感恩，学会分享，那么，做父母的一定要反思一下自己爱的方式是否是正确的，是否是科学的、有利于孩子成长的？

有一次我在医院的急诊室看到一位90高龄的老人正在抢救，

围在她身边的都是她的儿女，最小的也有五十几岁了，可抢救了好几天，老人逐渐平稳下来以后，围在她身边的还是她的这些儿女，而那些儿女的儿女，也就是老人的孙子辈竟一个也没有出现在急诊室里。

看到这些老人的儿女都已经累得疲惫不堪，却还在那里强撑着轮流照顾老人，我不由得问老人的儿女，他们的儿女都在哪儿？想来他们都还年轻，为什么不在这个时候来替他们的父母为老人尽尽孝？

老人的儿女提起自己的孩子们都是一脸的默然，他们说，虽说孩子都是这位九旬老人一手带大的，可是，他们都忙，听说老人病了，也就打个电话问候了一下，几天了没有一个人来到老人病床前，这些孩子的表现让他们的父母也感觉到了很无奈，心里很不是滋味。

当时这件事给了我很大的震撼，且不说那位已90高龄的老人已来日无多，就冲她辛辛苦苦把这些儿女的孩子一个个看大的分儿上，这些孙辈的孩子也应该在第一时间出现在她的病床前，可现实是他们一个人都没有来，白发苍苍的老人只能由她的那些白发斑斑的儿女照顾。

看得出这些父母是有怨言的，可是面对不懂得感恩的孩子，他们又能说些什么？可是，出现这种状况难道只有孩子的责任吗？

在我的《中国第一代独生子女婚恋调查》这本书里，我曾经采访了十几位婚姻失败的"80后"，在他们所列举的林林总总导致他们的婚姻失败或生活不幸福的理由中，我发现了最致命的一点就是不懂得分享，每个人都以自我为中心，很少站在别人的立场上考虑问题，这导致了他们在婚姻生活中矛盾不断、冲突不断，最后只能选择离婚。

可是，我一直在问他们这样一个问题：离婚就是解决问题的最好的方式吗？所有的矛盾通过离婚就可以解决吗？

生活还在延续，每个人还要继续往前走，如果不改善自己的心态，不修正自己的行为，我相信矛盾还会有，冲突还会发生，显然，分手并不是解决婚姻问题的最佳方法。

这些"80后"的经历实际上给我们带来最为宝贵的财富，就是告诉我们的父母如何爱孩子，以及如何让孩子懂得爱是什么？

首先可以肯定的是，对于今天的孩子，物质的满足与供给不能算是爱，一味地对孩子付出太多，从不给孩子回报的机会也不能算是爱，包办孩子的生活，剥夺孩子独立成长的空间，这更不是一种真爱。

真正的爱孩子就是给孩子一定的空间和机会，让他享受生命自然成长的过程，在爱的权利上与孩子平等相待，让孩子懂得接受爱，也懂得付出爱。

父母要给孩子做出榜样，懂得感恩与分享，让孩子从父母的行为里懂得爱是什么。

④爱是训练出来的

我们常说爱是一种表达，那么要使这种爱的表达成为一种习惯，成为一种生活里的必需品而非点缀品，父母最好在孩子小的时候就开始对孩子有这方面的要求。

譬如爸爸、妈妈下班回来，可以要求孩子给父母一个拥抱或一个亲吻，孩子放学回来，父母也一定不要只顾忙自己的事情，对孩子不理不睬，孩子在学校或幼儿园待了一天了，他一定会有很多话想要对父母说，这个时候父母一定要放下手中的事，过来拥抱或亲吻一下自己的孩子，跟他交流一下一天的生活。

譬如逢年过节的时候，父母在给长辈或朋友准备礼物时，一定要带上自己的孩子，让他们各自拿出创意为他人准备礼物，这是一种很好的让孩子懂得付出爱的机会。

在家吃东西的时候，一定不要让孩子吃独食，不能把好的都留给孩子吃，这样时间一长，孩子就会理所当然地认为他是家庭的中心，一切都应当围着他转。

在吃好东西的时候，父母应该首先提醒孩子是否先问过爷爷奶奶、姥姥姥爷，然后，要问一下父母是否需要吃，在都问过了以后，才能让孩子吃，这是一种习惯，时间长了就会让孩子觉得他并不是家庭里唯一重要的人，大家都很重要。

父母在孩子面前也不必一直装坚强，把所有的烦恼都自己扛。有时候跟孩子聊聊天，说说自己在外的艰辛和不容易，谈谈自己的烦恼和不愉快，这样做只会让孩子更加地理解你，你的"示弱"不但不会让孩子小看你，还会让你得到孩子的敬重，因为你把你的心里话说给他听，说明你很尊重他，你跟他是平等的。

很多父母最无奈的就是孩子长大了以后，不愿意跟他们说心里话，可我常常让父母们反思，他们又是否经常和孩子说自己的心里话呢？

周末父母出去买菜最好带着孩子，让孩子了解一下市场的行情，学会跟小贩讨价还价，看到妈妈为节省一毛钱跟小商贩费口舌，孩子会更努力一些，这些都是鲜活的生活，需要孩子来了解。买好了东西让孩子帮你提着，没有不愿付出的孩子，只有不懂得让孩子获得付出机会的父母，这些细节看似不经意，却都在一点一滴中强化了孩子对爱的理解。

爱的情感是天然的、本能的，但爱的行为却可以通过后天的训练得到更丰富的内容，尤其是对孩子来说，很多行为习惯是在不断的模仿和强化中逐步建立的，爱的习惯也是可以这样培养的。

爱是我们生活中的阳光，有爱的孩子才能够生活得更健康、更快乐。爱还是一种免疫力，健康、正面的爱，会给孩子的身体注入强大的能量，激发他的抗病能力。

让孩子懂得爱、付出爱是孩子成长中最为珍贵的一种品格，这是一门父母和孩子都需要终身学习的功课。

培养孩子热爱学习、喜欢求知的品格

> 每个孩子都是带着很多问题来到这个世界上的，求知欲几乎是与生俱来的。因此，父母培养孩子热爱学习、喜欢求知的兴趣，应该从孩子对事物本身的兴趣、好奇心入手，激发孩子内心对知识的向往。

（一）孩子为什么不喜欢学习？

前不久，我到一家幼儿园讲课，课讲完了很快就被一群妈妈围住，她们叽叽喳喳地嚷个不停，我听到的最多的一句话就是："于老师，我的孩子为什么那么不喜欢学习？"

我问那几位妈妈她们的孩子有几岁，一位妈妈说她的儿子2岁，另一位妈妈说她的女儿3岁，还有一位妈妈说她的孩子5岁，这么小的孩子就不喜欢学习，我听得有点儿半信半疑，可是，妈妈们跟我说这是真的。

佳佳是位小学二年级的学生，每天早晨他都是在妈妈的千呼万唤下才钻出被窝，洗漱完毕，吃了早餐，被妈妈送去学校的。佳佳在班级里学习中等，每次考试都是刚刚及格，老师发现他对学习没兴趣，做作业也是应付，厌学的情绪日益严重，老师找了佳佳妈妈，可佳佳妈妈也对佳佳不喜欢学习的态度很无奈。

实际上，孩子不喜欢学习是一件可以理解的事情，尤其是低龄的孩子，他们的自我控制力很差，活泼、好动、贪玩，这些都是他们不愿意坐在那儿看书学习的原因。

但是从孩子大脑的成长来看，孩子又是特别喜欢学习的，每一个孩子都是带着问题来到这个世界的，这个世界对他们来说很陌生，他们想要了解这个世界，就必须通过学习，因此，从科学的角度来看，孩子实际上是求知欲最强的。

可为什么我们的孩子才2岁，就变得不爱学习了呢？我跟那位责怪自己2岁的儿子不爱学习的妈妈有过一番交流，在交流中这位妈妈告诉我，她正在教孩子学写字，孩子一开始还挺有兴趣，但是，他写得很慢，还总把纸划得乱七八糟，有时候把铅笔放进嘴里咬，有时候把纸撕掉，妈妈很生气，他却乐得哈哈笑，为此妈妈曾经打过他几次，从那以后，孩子再也不喜欢写字了，一听妈妈要他学写字，他就跟妈妈捉迷藏，死活也不愿意坐在书桌前。妈妈由此断定他是一个不爱学习的孩子，并对此有些失望。

听完这位妈妈的描述，我有些哑然失笑，我说，2岁的孩子正是爱玩游戏，爱动爱闹的年龄，小手基本上还不会握笔，你就让他趴在书桌上一动不动地学写字，孩子当然不会喜欢了。

而且，当孩子不喜欢时，妈妈表现得如此没有耐心，还会动手打他，这更加深了他对写字的反感，他会认为是写字让他挨了妈妈的打，因而，他会更加抵触这对他来说没什么概念的学习。

正是这位妈妈不讲科学不讲理智的做法，生生把这个2岁的男孩，变成了我所知道的最小的厌学儿童。

对小学生佳佳妈妈的来访，我建议她先到学校去找到老师，跟老师了解一下孩子在学校的学习情况，刚上小学二年级就对学习没兴趣的佳佳一定遇上了什么学习上的困难，或者对哪门功课产生了畏难情绪，孩子不喜欢上学只是外在的行为表现，一定有内在的心理问题才会使他有这样的行为表现。

果然，佳佳妈妈在与老师深度沟通后了解到，原来佳佳喜欢的英语老师夏老师最近请假回家生产，一直对英语特别有兴趣的佳佳不喜欢新来的这个年纪大的英语老师，因此英语成绩直线下降，从班里第一名降到了倒数第几名，佳佳妈妈对儿子英语成绩的下降非常不满意，几次拒绝在儿子拿回的考试卷上签字，搞得佳佳非常沮丧，学习的劲头也一下子降了下来。

不久，佳佳的数学、语义的成绩也差了起来，老师开始批评佳佳，几次让他请家长到学校里来，这让佳佳感到很没面子，渐渐地开始不喜欢到学校了，或者，即使到了学校也不爱理人，老一个人闷闷不乐的。

了解到佳佳学习成绩下降的真正原因，佳佳妈妈开始意识到自己做得有些粗暴，正是她这种简单、粗暴的做法伤害了孩子的自尊心，而失去自尊心的孩子也常常成为不求上进，天天混日子的孩子。

前不久，我接到一位来自外地的父亲的电话，说他的儿子读高三了，是班里的上等生，学习成绩不错，家长对他的期望很高。可是，马上就面临高考了，孩子却突然说不想读书了，已经十几天没去上课了，这可把他的父母给急坏了，但是怎么劝孩子都不听。

在电话里，我跟这孩子聊了一会儿，我发现这个高三生心理已经完全超负荷，思想里满是对高考的恐惧，他对我说得最多的一句话，就是父母供他读了这么多年的书不容易，他怕考不好对不起他们，所以，就想到要放弃。

而且，他还说，父母对他的期望很高，希望他考进名校，或者最差也得是个一类本科，可是他的成绩并不稳定，几类模拟考试下来，成绩忽高忽低的，让他失去了信心。我想这可能才是导致他想要放弃高考的根本原因。

实际上每年高考前都会有这样的事情发生，读了十几年书，却在高考前一刻放弃高考的孩子也并不在少数，而且，通常这些孩子还是那些在父母和老师眼里成绩不错的孩子。

这其中有孩子心理素质的问题，更多的是父母给孩子设置的目标的问题，我常常建议父母们不要给孩子设置过高的目标，有时候过高的期望值会对孩子形成一种强大的心理压力，尤其是对所谓的学习好的孩子来说。因为这样的孩子很在乎父母和他人的评价，常常会从他人的评价中来判断自己的价值，一旦他感觉自己有可能达不到那个更高的目标，就会背上沉重的心理包袱，而过重的心理负荷会反过来影响他的学习和情绪，毁掉他的自信。而一个失去自信的孩子自然很难应对各种挑战，尤其是像高考这样千军万马过独木桥式的挑战，对于很多考生来说，高考在某种程度上拼的并不完全是知识，而是信心、毅力和意志。

所以，想让孩子爱上学习，只有让孩子喜欢学习的窍门和方法，这需要父母用自己的智慧来引导孩子乐于求知的天性。

（二）如何让孩子爱上学习？

让孩子爱上学习是一门系统的科学，首先，了解孩子成长发育的规律是很重要的，孩子的大脑在不同的年龄段会有不同的发育需求，培养孩子喜欢学习的习惯，需要从婴幼儿时期就开始着手。

许多父母以为孩子小的时候给他吃饱喝足就可以了，实际上孩子的大脑活跃程度超出我们的想象，所以，建议父母们给1岁以内的婴幼儿平时多读一些儿歌，讲一些小故事，对增加孩子脑细胞的信息量有很大作用。

对于稍微大一点儿的孩子，想要孩子保持学习的积极性，父母首先要做到以下几点：

①保护和启发孩子的求知欲

孩子在3~5岁时兴趣开始发生变化，他开始由只关注自己，扩展到关注外界的一切事物，这时他对一切现象都很好奇，因此，他的问题开始多了起来，会经常问父母这是为什么，那是为什么，有时他的问题千奇百怪，无所不有，的确让知识面匮乏的父母有些难以招架。

有的父母会因此对孩子失去耐心，不喜欢孩子老问问题，有的父母会因为工作忙，无暇顾及孩子的这些好奇心，还有的父母回答不了孩子的问题就随便敷衍、搪塞孩子一番。

这些做法都是特别不科学的，会影响孩子对未知世界的探求，破坏孩子那可贵的求知欲。更可怕的是现在有太多的父母，为了自己有时间做点儿别的事，宁愿把孩子扔给电视和电脑游戏，导致现在的孩子迷恋电视机和游戏机远远超过迷恋大自然。

长期看电视不仅会影响孩子的视力发育，还会影响孩子的想象力和创造力的发展，曾经有专家建议3~5岁的儿童每天看电视不要超15分钟，6~8岁的儿童每天看电视不要超过30分钟，可现在的孩子周末的主要娱乐就是看电视，这真的不是一个好现象。

父母有责任引导和保护孩子的求知欲，如果你的孩子问题特别多，则说明他是一个特别爱动脑子思考的孩子，父母要尽量耐心地为他解答每一个问题，如果父母解答不了，可以尝试和孩子一起去翻书查找答案，这个过程对孩子来说就是一个学习的过程。

我有一个朋友的儿子刚刚3岁，就已经认识一千多个汉字，简单的报纸都能够读下来，这个孩子能够认识这么多字的动力就是他对于书的好奇心。

因为从小妈妈就经常读书给他听，他对那些童话故事特别入迷，可有时妈妈忙不能总陪他，妈妈开始教他学拼音、认字，告诉他这样他就可以自己去读书了。

在妈妈的帮助下，孩子通过读书认识了很多字，渐渐地他能够自己进行简单的阅读了。这个小小的成功让孩子很受鼓励，他开始要求妈妈教给他更多不认识的字，并且，拿起了笔自己主动学写字。

我见过这个男孩，发现他并非传说中的"神童"，而他的父母也没有把他当作"神童"来培养的打算，他就是一个普普通通的小男孩，只是由于从小就喜欢读书显得比较文静而已。

男孩的妈妈在很好地保护了孩子求知欲的同时，也引导了孩子乐于学习的行为，实际上没有不一样的孩子，只有不一样的父母，孩子都是带着对这个世界的好奇来到我们身边的。父母要做的就是把孩子的这种好奇心转化为爱学习的动力。

对于孩子的问题，父母千万不可用简单、粗暴的方式来解决，父母也不是万能的，有时候被孩子的问题给难住了也是正常现象，用不着为此感到没面子或对孩子发脾气，你应该为此高兴才对，因为这恰好说明你的孩子的确很聪明。

有一句话叫作"父母需要跟孩子一起成长",你完全可以跟孩子一起学习很多东西,扩大自己的知识面,让自己的知识更渊博,在某种意义上孩子的求知欲还会促进父母的成长。

建议经常把孩子扔给电视或电脑游戏的父母,抽出一些时间来,多带孩子到大自然中间去,世界上最美丽的是大自然,最美妙的也是大自然,让孩子在玩耍中了解自然,亲近自然,在大自然中获得更多的感性认识,这是书本和电视所无法带来的收获。

如果孩子不经常问问题,父母也要给予孩子启发式的引导,主动给孩子讲解一些问题,不要怕孩子听不懂,孩子的理解能力比我们想象的还要强,有很多存于孩子的潜意识里的求知欲就是这样被激活的。

事实证明,想要孩子聪明、爱学习,关键在父母的引导。现在有许多父母提起孩子不爱学习的事儿来就头疼,认为孩子天生不爱学习,实际上这个结论是完全错误的,没有天生不爱学习的孩子,只有用不当的方式没有把孩子的求知欲保护好的父母。

②保护孩子的学习兴趣

孩子小的时候每天学习的时间不要过长,最好的方式是边玩边学。孩子天性好动,尤其是低龄的孩子,想让他长时间坐在书桌边学习几乎是不现实的,因而,父母要学会根据孩子的特点来安排孩子的课程。

低龄阶段的孩子主要是培养他对学习的兴趣。父母不要对孩子期望值太高,要制订切实可行的计划,完成学习计划后,要放手让孩子去玩儿,千万不要让孩子感到,父母只喜欢他学习,不喜欢他去玩耍。一旦孩子有这种情绪,他就会把学习跟玩耍对立起来,孩子的天性就是爱玩,如果父母一味地坚持要他学习,他就会因此而失去对学习的兴趣,并且对学习产生抵触情绪,甚至拒绝学习。

日本的专家认为孩子的小学阶段,主要是培养学习兴趣,甚至有的日本的老师认为小学生每节课的时间应当是"年级×10"分钟,不应该强调孩子都学到了什么,而是要看重孩子是否喜欢学习。

据我了解，中国的小学生每天学习的时间长达十几个小时，每天在学校里要学习一天，回到家里还要继续做功课2～3个小时，也难怪很多孩子在小学阶段就出现厌学情绪，甚至是厌学行为，本来是蹦蹦跳跳、快快乐乐的年龄，却偏偏要每天趴在书桌前学十几个小时，从心理到生理都是孩子难以承受的。

还有的父母对孩子的学习不讲究方法，只喜欢看着孩子坐在书桌前学习，也不管其效率如何，这样长期下去，只会让孩子养成磨磨蹭蹭，学习不讲究质量，注意力不集中的不良学习习惯，甚至破坏孩子的学习兴趣。

我们常说兴趣是最好的老师，与其强调孩子的学习时间不如引导孩子的学习兴趣，仔细观察一下孩子喜欢什么，对哪些领域更感兴趣，上学的孩子父母可以跟他讨论一下他的功课，看看他最喜欢哪门功课，最不喜欢哪门功课。

不过，低龄的孩子常常因为对世界的认知不够丰富，稳定性比较差，他的兴趣经常随着他的生活而改变，父母只要懂得这个道理，随时去接纳孩子的变化就可以了，千万不要在这件事上对孩子不理解，训斥孩子，这才是顺应孩子成长规律的选择。

由于孩子的特点是喜欢玩，喜欢自由，因而，在学习的时候，父母可以不要求孩子一定待在书桌前才算学习，孩子可以任意选择让他舒服的姿势或位置学习，只要保证学习质量就可以了。

在美国的小学里，小学生都不必正襟危坐在课桌旁，老师也不要求大家都老老实实坐着，因此，你会看到在上课时，美国的小学生有的坐在桌子上，有的躺在地毯上，有的坐在窗台上，大家都以自己最舒服的姿势待在教室里，听老师讲课。

美国的老师讲课也不是照本宣科，他们常常会做很多模型与图片和孩子分享，启发孩子独立思考的能力，激发孩子的学习兴趣。

在这样的学习氛围中，美国的小学生通常很快乐，也很乐意到学校来学习，每个孩子来上学都打扮得漂漂亮亮，像是参加 Party 一样。在美国学习很长时间，我从来没听说哪个美国小学生不想到学校去，厌学的孩子就更没见过。

虽然以中国目前的教育体制还不可能像美国的学校那样设置课程，但父母们可以给孩子创造这样宽松的学习氛围，只要有利于保持孩子的学习兴趣的方式都可以尝试。

当然，孩子喜欢学习的品格绝对不是一种天然的行为，它需要父母和老师后天的引导与启迪。

在孩子学习兴趣的引导与保护上，老师的责任和水平也很重要。好的老师一定会从孩子的学习兴趣出发，引导孩子自主学习，而不是填鸭式地让孩子被动学习。

③对孩子不提过高要求，让孩子体验成功的快乐

想要孩子对学习一直保持兴趣，父母首先不要给孩子设置过高的目标，孩子本身就比较脆弱，如果父母总是给孩子设置过高目标，孩子一旦达不到就会心理受挫，受挫之后产生的沮丧情绪会影响孩子的学习态度，他会觉得学习太难了，根本就不能学好。

这种情绪会影响他的行为，我们常常看到一些本来学习不错的孩子，经历了几次挫折以后变得消极、倦怠，开始以各种借口逃避学习，长期下去会形成恶性循环，导致孩子的学习兴趣消失殆尽。

如果父母在孩子的学习上懂得给孩子设置一个比较容易达到的目标，孩子就会在达到目标后特别高兴，对成功的体验会使孩子充满信心，而目标的达成也使他相信自己的能力，他会因此而对学习更加有兴趣。

④对孩子多一些倾听，和孩子一起讨论他的学习生活

刚刚入学的孩子常常对学校的生活有一些陌生和新鲜感，学校的一切都使他们好奇，也使他们不安，他们会因此而有一些情绪上的波动，譬如突然喜欢学校了，突然又不喜欢上学了，比如和同学

的相处有问题了，老师讲的听不懂了，等等，父母在这个时候再忙也要放下手里的工作，认真、耐心地倾听孩子心里的苦恼。

最好每天在孩子从学校回到家里时，就与孩子交流一下他在学校的生活，讨论一下他的学习，谈论一下他的老师和同学，这一方面有助于父母了解孩子在学校的情况，另一方面也可以察觉出孩子对学校以及学习的态度。

如果孩子在学校一天都很愉快，他会很乐意与父母分享他在学校的生活，如果他感觉到不舒服，也会跟父母聊。在这种时候，父母一定要耐心地与孩子交流，不要轻易下结论，说自己的孩子不好，或者说老师和同学有问题。

父母的态度有时候会直接影响到孩子对上学这件事的态度，要告诉孩子在学校里上学是一种集体生活，和同学之间交往要做到宽容、大度，学习上有什么不明白的地方可以直接问老师，每个老师都喜欢爱提问题的孩子。

孩子在学校的感觉直接决定了他对学习的态度，如果他喜欢自己的学校，喜欢老师和同学们，那他一定会努力学习，因为他不想让老师和同学们失望。学校会给他一种正能量，让他拥有积极的学习态度。

而如果他在学校里体验到的都是不愉快，与老师和同学相处得比较困难，他的第一反应就是放弃学习，或者没兴趣学习，这种不愉快的感觉给他带来的是负面能量，而负面能量则是他消极、逃避学习的主要原因。

因此，如果是刚入学的孩子，父母一定要特别地关注他，因为学校对他来说是一种全新的生活，与在幼儿园里的感觉完全不同，在这里孩子要完全变成一个独立的人，独立地面对许多事情，这对许多刚入学的孩子来说都是一个挑战，孩子需要在父母的帮助下完成这个过渡。

一般来说，孩子在学校的受接纳程度与他的学习兴趣成正比，被老师和同学接纳程度越高的孩子，就越喜欢学校，学习态度也就越积极。

而那些不适应学校的生活，有些抗拒或抵触学校生活的孩子，则容易产生厌学情绪，进而导致学习成绩下降，学习兴趣消失。

所以，关注刚入学的孩子，是一个很重要的保护孩子的学习兴趣的方法。

⑤父母可以和孩子一起学习

我每到一个地方做亲子教育讲座的时候，都要被许多父母团团围住，他们焦急地问："于老师，我的孩子才上小学就不爱学校咋办？"有的说："于老师，我的孩子学习成绩不好，自己也不知道努力咋办？"

每当这时候，我就会问这些父母，孩子在学习的时候，你们在做什么？有的父母说在看电视，有的父母说在忙家务，也有一些父母说在打麻将、聊天。

我发现这些对孩子的学习特别焦虑、担心的父母，很少有与孩子一起学习的习惯，更别说给予孩子一些指导了。

在对很多学习好的孩子的采访中我发现，学习好的孩子大多都有一个非常好的学习氛围，那就是父母通常也爱学习。我曾经采访过一个高考状元的父亲，他说他的儿子在上初中时数学不太好，孩子因此对数学也失去了学习兴趣，为了让孩子重拾对数学的学习兴趣，这位只有小学毕业的父亲买来了初中的数学课本开始学习，有不懂的地方他就问儿子，把儿子当作老师。

父亲的这种做法让儿子很受触动，尤其是父亲问他，他不太懂的时候，儿子感觉很惭愧，在父亲的要求下，他重新拿起了数学课本，白天虚心地向老师请教，晚上回到家里就与父亲一起钻研，没多长时间，这个男孩的数学成绩就开始好转。

因为成绩好了，男孩对自己的数学学习有了自信，他开始对数学有了学习兴趣，不再逃避数学课，而他的父亲也在儿子的指教下，掌握了初中的数学课程，儿子把他考过的数学卷子拿回来给父亲做，父亲居然也能考90多分，儿子直夸父亲进步大，爷儿俩别提有多开心了。

孩子中考发挥得很好，数学几乎满分，被当地的一家重点高中录取，后来，这个孩子成了当地的理工科状元，成功地考上了北大数学系，成为当年他们那个县唯一考进北大的学生。

给父亲做老师，鼓励了孩子的学习精神，而与父亲一起学习成长，也增强了孩子对学习的兴趣。

所以，父母不能一味地责怪孩子不爱学习，你们要看看，孩子在学习时，你们在干什么。

我不相信在电视节目纷杂的环境中能培养出学习好的孩子来，我也不相信麻将桌旁都是爱学习的好孩子。

想要让孩子爱上学习，父母首先要懂得自我牺牲，电视少看一点儿，麻将少搓一会儿，与孩子多讨论一下学习，给孩子创造一个适合学习的气氛。

想要孩子爱学习，父母一定要爱学习，甚至可以让孩子做你的老师，孩子会为此而努力学习，成为父母的老师会让他提高学习的兴趣，对学习产生一种责任感。

现在有太多父母只是抱怨孩子不喜欢学习，却从来不耐心细致地去了解一下孩子为什么不喜欢学习。如果做父母的在孩子小的时候就懂得保护好孩子的求知欲和学习兴趣，又能够给孩子创造一个适合学习的氛围，相信大多数孩子还是会爱上学习的。

⑥在孩子的学习中引入竞争

父母可以给孩子找几个小伙伴，让他们一起学习。比起一个人努力，和对手竞争可以激发孩子更大的潜力，竞争是支配人类行为的一个重要动力。父母可以让孩子们在一起画画，看他们谁画得更漂亮，更有创意；也可以让孩子们在一起写作业，比一比谁写得又快又好；还也可以给孩子找一个学习成绩比他好的同学，让孩子暗暗地追赶他，让孩子因为有竞争而产生强烈的学习兴趣，培养孩子爱学习的品格。

⑦跟孩子憧憬一下未来，用理想来激发他学习的意愿

每个孩子都会憧憬自己的未来，都会有自己的理想，父母可以经常与孩子谈谈他的理想，讨论一下他的未来。美国前总统克林顿，15岁的时候就对妈妈宣布，将来他要成为美国总统，对于这个贫寒少年有些不太切合实际的想法，只是一个普通护士的克林顿妈妈，并没有发出嘲笑，她很认真地考虑了一下，然后告诉儿子，妈妈很支持他的想法，妈妈确定他将来可以成为美国总统，但前提是必须把他的学业完成好。

克林顿在得到妈妈的支持与赞赏后，受到了极大的鼓舞。从此以后，他用功学习，最后以优异的成绩考入了出了很多政治家的美国耶鲁大学，并在1999年真的成为了美国总统，那一年他44岁。他为了梦想奋斗了30年，终于梦想成真，让人不由得感叹梦想的力量有多么强大。

现在很多孩子学习缺乏动力，对学习没兴趣，很大程度上是因为缺少梦想，对未来缺乏憧憬。建议父母们多与孩子交流一些这方面的话题，问问你的孩子，他的理想是什么，他对人生有一些什么样的憧憬，他希望将来的生活是什么样子的。

我想这些问题都会对孩子的行为产生一定的影响。不管孩子的回答有多么不切实际，父母都不应该嘲笑或不信任他，告诉孩子，你支持他的梦想，你相信他的梦想一定会实现。

同时，父母也应该告诉孩子，想要实现梦想，必须付出相应的努力，他必须具备相关的知识和能力，才能够更加接近梦想，这就意味着必须努力学习，好好读书。

父母要经常和孩子交流这样的话题，对孩子心目中朦胧的理想进行一种强化作用，多给孩子讲一些成功人物传记故事，这有助于孩子了解别人是如何实现梦想，走向成功的。

很多孩子爱学习的品格就是在这种对理想的憧憬中养成的，人活着都有梦想，不管你的孩子的梦想是什么，你都要帮助孩子点燃它，让它成为引导孩子自立的力量。

⑧在孩子的学习当中适当用一下"奖赏效应"

人是喜欢获得奖赏的动物，我们工作、学习当中如果奖赏体制健全，那么效率就会特别高，而且人的心情也很愉快。

父母在孩子的学习当中，也可以适当应用一些"奖赏效应"的方法，比如说在孩子完成了某个学习的目标，或通过努力达到了一定阶段的时候，给予孩子一些物质或精神上的奖赏，比如送他一个礼物、吃一顿大餐，或给他一个拥抱，这些都是可以作为奖赏条件满足孩子的。

这种"奖赏"会带来积极的效应，孩子会为了得到奖赏而快乐地努力，而在快乐的状态中，孩子的记忆力会更加主动，更加牢靠，孩子会为了尽快得到"奖赏"而提高效率，缩短学习时间，这对孩子的学习效果来说也有一定的帮助。

但是，"奖赏效应"有利也有弊，它是一柄双刃剑，运用得当会对孩子养成好的学习习惯起积极作用，运用得过于频繁或不得当，也会造成孩子的依赖，有的孩子只为奖赏而学，而失去奖赏，他也就失去了学习的动力，这种后果是要避免的。

孩子的学习品格的养成是一个漫长的过度，它需要父母和孩子的一起配合才能实现理想的状态。人的一生是学习的一生，爱学习、喜欢求知的品格也是人一生最重要的品格之一，这种品格的养成，是需要从孩子的婴幼儿时期就开始努力的，让孩子爱上学习越早越好。

培养孩子喜欢运动、养成运动习惯的品格

> 与西方孩子相比,中国孩子的体质往往要差一些。究其原因,就是由于大部分中国的家长只注重孩子的学习成绩,而忽略了培养孩子爱运动的品格。父母要懂得,让孩子爱上运动,锻炼出健康的体魄,才能让孩子每天精神饱满地面对学习。

（一）现在的孩子为什么体质差？

2010年出台的《全国学生体质与健康调研结果》显示，大学生身体素质继续缓慢下降。19～22岁年龄组爆发力、力量、耐力等身体素质水平进一步下降，肥胖检出率继续增加，7～22岁城市男生、城市女生、乡村男生、乡村女生肥胖检出率分别为13.33%、5.64%、7.83%、3.78%，超重检出率分别为14.81%、9.92%、10.79%、8.03%。

视力不良检出率继续上升并出现低龄化的倾向，7～12岁的小学生为40.89%，13～15岁的高中生为67.33%，16～18岁的高中生为79.20%，19～22岁的大学生为84.72%。

在北京，中小学生的体质状况更让人担忧，几乎每三个孩子中就有一个体重超标，"胖墩儿"的比例超过了美国，而且，青少年糖尿病患者也越来越多，营养过剩、只吃不动的不良习惯，导致各种只有老年人才常见的慢性病缠上了青少年。

面对孩子如此差的体质，许多父母也很着急，但是，面对繁重的学业和考试成绩，很多父母还是选择了让孩子承担超负荷的学习，而运动则成了孩子生活中可有可无的项目。

也有一些父母会说，我也想让孩子多运动一会，有一个好身体，可现在学习压力这么大，孩子的业余时间都需要上补习班，周末又要上特长班，根本没有时间再去运动。

对于这些父母所强调的理由我都认同，但我想说的是，如果没有一个好身体，没有很强健的体魄，你的孩子即便是天才又能做成什么事呢？

生活中有太多这样的悲剧。前不久,上海的一个25岁女孩,在进了一家世界500强大企业后,由于连续加班劳累,仅仅是一场感冒就夺去了她年轻的生命。还有一位23岁的小伙子,刚刚硕士毕业进入一家大型的计算机软件公司担任程序员,由于工作繁重,小伙子在连续加班以后突发疾患离世,给他的父母带来了无尽的伤痛。

近几年来,不断有年轻、鲜活的生命离开我们,离开他们还没来得及享受一下的生活。这一方面是工作劳累的原因,另一方面则不得不让人怀疑他们的体质过于孱弱。

孩子身体素质差,已经不仅仅是一个个人的问题了,目前这已成为一个社会问题,一个不容忽视的问题。

朱丹是一位中学老师,谈起现在孩子的健康来,她也是忧心忡忡,她说过去的中学生玩主要以"动"为主,打打篮球、踢踢足球、滑冰什么的,可现在的中学生,玩大多以"静"为主,上网聊天、玩游戏、听音乐、看电视,有时一坐就几个小时,这对孩子的体质也有一定的影响。

在调查中我发现,运动习惯的养成跟孩子的父母有直接的关系。一般来说,爱运动的家庭,孩子通常也爱运动,而不爱运动的家庭,孩子通常也不喜欢运动,这可能就是我们平时所看到的一家三口都是胖人的原因所在吧。

像其他品格的养成一样,想让孩子爱上运动,父母必须先动起来,妈妈不要做懒怠人,爸爸拒绝做沙发土豆,夫妻俩各自寻找适合自己的运动健身项目先操练起来,付诸行动,养成习惯,孩子就会很自然地跟着父母动起来。

运动会让孩子的身体更加协调,肌肉和骨骼发育得更加匀称、健康,运动还会刺激孩子的大脑神经发育,训练孩子的反应能力与敏捷度，在运动中成长的孩子会更健康、更聪明。

运动还会磨炼孩子的意志，让孩子学会坚持，懂得分享，懂得配合，这些都是对孩子品格的很好的训练。

（二）如何让孩子养成爱运动的品格与习惯？

其实，孩子天性爱动，为什么孩子稍大一点儿就不喜欢动了呢？那是因为他身边缺乏运动的氛围，父母想要培养孩子爱运动的品格与习惯，一定要先从给孩子营造一个运动的氛围开始，具体有以下几点：

①给家庭设置一个亲子健身时间

白先生是一家企业的人事主管，每天朝九晚五，工作十分繁忙，他的太太是一位小学老师，工作压力也很大，他们的儿子刚上小学一年级，这样的一个家庭要坚持每天都有运动时间有些不太现实。

但白先生一直酷爱羽毛球运动，一周总要抽出两个下班后的时间到羽毛球馆拼杀一番。他的太太喜欢游泳，并且儿子也喜欢游泳，白先生就把自己打羽毛球的那两个时间段定为全家的亲子健身时间。时间一到，他一定会放下手头的工作，驱车来到儿子的学校，接上儿子直奔体育馆，一会儿太太也下班赶到这里，一家三口打一小时羽毛球，再游一小时泳，然后，容光焕发地走出体育馆，开开心心地回家，这样的运动习惯从儿子三岁时就开始了。所以，白先生的儿子酷爱运动，羽毛球打得越来越好，游泳比赛还得了学校的冠军，身体也结实得不得了，很少生病。有一年冬天，全班20多个同学都感冒了，只有他没事，老师只好让他提前下课回家了。

周末的下午，白先生会带着儿子去跟大学的同学踢足球，绿茵场上的奔跑，让他跟儿子都感觉特别快乐，生活的压力在这一刻烟消云散，亲子健身时间让这一家三口越来越亲密，也越来越和谐。

每个家庭都可以根据自己的实际情况，设置合适的亲子健身时间，尤其是那些有青春期孩子的家庭。让孩子跟随父母一起运动，作为一种沟通手段，可以有效地消除隔阂，增进亲子间的感情。

孩子一般都比较注重家庭的荣誉感，如果父母带领孩子参加一些竞技性的体育运动项目，比如说足球、篮球、羽毛球、乒乓球等，孩子就会注重家庭的整体感，加强和父母的沟通，运动会让孩子身上多余的荷尔蒙得到释放，平稳孩子的情绪，养成开朗、阳光的性格。

家有青春期的孩子的父母一般都是人到中年，事务繁忙，不太容易有固定的健身时间，但设置一个亲子健身时间就是要求你必须坚持，不管有多忙，都要按时地去运动，尤其是带着孩子一起运动。帮孩子养成爱运动的品格，比你留给他多少财富都珍贵，因为财富终有尽，而品格会传承下去，福荫后代。

②孩子的运动兴趣要从小培养

很多父母都有这种感觉，孩子特别喜欢玩，但是要他进行系统的健身训练却不那么容易。有的孩子还特别烦去学习运动的项目，通常是妈妈给他报了班，去了几次就不想去了，这一方面说明孩子对这项运动实在没兴趣，另一方面也是因为大多数孩子都缺乏耐性，即很难对一件事情保持热情。要想让孩子对运动产生兴趣，一方面得慢慢让他尝试，看看自己喜欢、适合什么项目，一方面也得从小培养他运动的习惯。

在美国，体育运动是一项很被推崇的活动。美国的孩子进入学校以后，都会选择自己喜欢的体育项目去参与，父母也很支持孩子的选择。美国父母非常注重孩子的体育锻炼，他们认为孩子参与体育锻炼越早，长大后成为体育爱好者或运动水平比较高的体育能人的可能性就越大。

美国人崇拜体育明星超过崇拜总统与电影演员。因为他们认为擅长体育运动的人更具备向上、正面的人生态度。

为了让孩子从小就对体育运动有兴趣，他们通常在孩子的婴儿时期，就带他们到大自然中去，呼吸新鲜的空气，给孩子晒 15 分钟的日光浴，在孩子大约六个月时，他们会带孩子去游泳馆做温水体操运动、爬行。美国的父母本身大多也酷爱运动，因而，他们的孩子从小就受父母的影响，也认为运动是一种价值观，只有喜爱运动的人才会拥有更积极而健康的人生。

美国的父母最喜欢的运动莫过于篮球与橄榄球，因而，美国 NBA 赛季的狂热是任何一个国家都不能比拟的，那些出色的 NBA 球星也是很多美国孩子的偶像，所以，美国的男孩几乎生下来就会打篮球，尤其是黑人，他们惊人的天赋和运动才华，让人十分仰慕。

橄榄球也是美国人特别推崇的一个竞争性相当激烈的体育运动项目。美国的男孩几乎每个人都会参与到橄榄球队之中，这个冲撞激烈、运动量巨大的运动项目是每个男孩心头的荣耀，他们最大的骄傲莫过于得到橄榄球比赛的冠军。

正是这些优秀的体育运动项目吸引着许多美国的孩子，让他们从小就梦想成为体育高手，这成为他们对运动产生兴趣的最大动力。

美国父母抓住了孩子的这种心理，从小就鼓励孩子做运动的高手，鼓励他们做竞赛场上的佼佼者，为孩子得到的每一次比赛的好成绩感到骄傲，美国父母这种重视运动、鼓励孩子多参加体育运动的做法，直接影响着孩子对运动的喜爱。

所以，要想培养孩子的运动兴趣，一定要在孩子小的时候就开始引导。

欢欢刚满6岁，可是他学拉丁舞已经有三年的时间了，开始是妈妈学习拉丁舞，那时欢欢才3岁，妈妈发现他一听拉丁舞的音乐就特别兴奋，手脚跟着一起动，一招一式跟着妈妈学，还跳得很开心。

因为妈妈学跳拉丁舞是在晚上，欢欢就跟着妈妈在健身房一起跳，很快欢欢妈妈就发现，欢欢很喜欢跳拉丁舞，跳得居然还不错，妈妈开始有意识地带着欢欢一起跳。

三年过去了，跳拉丁舞成了欢欢最喜欢的运动项目，每周都要跟妈妈去跳几次，在幼儿园晚会上还得了金奖。欢欢原来有哮喘的毛病，一到冬天就得吃药，自从开始跳拉丁舞，欢欢的哮喘病竟慢慢好了，冬天也不需要吃药了，而且体质也比原来强多了，这个意外的收获让欢欢妈妈很开心。

亮亮8岁了，乒乓球已经打了三年，现在是少年宫业余乒乓球队的主力，正跟着专业教练学习。亮亮的爸爸妈妈都酷爱乒乓球，因此，当亮亮很小，还够不着乒乓球台时，妈妈就抱着他跟爸爸打对抗赛。亮亮五岁时开始正式摸球拍，可他的一招一式让父母大为惊讶，老练得像打了几年的选手。

打乒乓球让亮亮变得沉稳、智慧，不肯服输。有时爸爸故意让着他，让他赢一局，他还会不服气地让爸爸跟他再杀一局，不喜欢爸爸偷偷让着他。

运动实际上就是一种人格的养成，喜爱运动的孩子长大后大多比较坚强，能吃苦，不肯服输，有一股执着的劲头，而且为人处事也会比较正面、积极。

孩子的运动兴趣是需要父母发现和培养的。世界体操冠军程菲小时候就是一个普通的小姑娘,身体瘦弱,经常生病,由于她的父亲酷爱体操运动,因此,在她两三岁时,父亲就开始让女儿进行体操训练。

没有器械,父亲就亲自动手制作,缺乏专业指导,程菲的父亲就买来书自己琢磨,在父亲的坚持下,程菲的体操天赋很快就显露出来。不久,父亲就发现自己的体操运动的知识再也不能满足女儿的需求了。

在朋友的建议下,程菲的父亲把女儿送进了专业队。个头小小,却聪明异常的程菲,凭自己的刻苦训练很快就被国家体操队选中。2008年奥运会为中国女子体操队获得团体冠军立下汗马功劳,她自己也成为世锦赛的体操冠军。

如果不是程菲父亲的执着与坚持,程菲可能就是一个普通的小女孩,永远与辉煌无缘。正是程菲父亲的运动兴趣点燃了这个小女孩身上那股潜在的能量。运动使程菲小小年纪便有大将风度,沉稳、内敛,在国际比赛中屡屡夺冠的她始终很低调、谦虚,这也是运动带给她的美好品格。

程菲的成功再次提醒我们,想要孩子对运动保持兴趣,父母一定要在他小的时候坚持带他参与运动,让他在运动中成长,在运动中学会坚持。

③帮孩子找到适合他个性的运动方式

孩子小的时候,主要兴趣是玩,尤其喜欢和小伙伴一起玩。父母完全可以在孩子玩的时候,引导或带领孩子参与运动项目。

比如足球、棒球、游泳,这些都是可以在玩的同时进行的体育运动项目。父母要做的就是要学会观察孩子在运动中的投入状态,如果孩子非常投入,活动结束了还不肯离开运动场,说明孩子非常喜欢这项运动,非常有兴趣。这时父母就应该带孩子坚持下去,形成一个固定时间、固定场地、固定模式的运动习惯。

如果孩子不喜欢这样的运动，甚至讨厌这样的运动，父母不要根据自己的喜好非要孩子坚持下去，因为你喜欢游泳，孩子不一定会喜欢。想要孩子发自内心地喜欢运动，一定要尊重他自己的想法和选择。

比如我有一个朋友非常喜欢马术，他也很希望他的儿子喜欢马术，每个周末都带孩子去骑马，找马术教练。可是这个只有6岁的孩子看到马匹就很讨厌，根本没兴趣骑马，这让他的父亲很恼火，几次对他发脾气，说他花了很多钱才请到马术教练，要求儿子配合他学骑马。儿子勉强听爸爸的话，但是，在骑马的过程中很不开心，并且对运动也失去了兴趣。

这样的选择只会适得其反，对孩子的运动兴趣不是保护引导，而是一种破坏。

后来，还是孩子的妈妈发现，儿子可能更喜欢下象棋，于是把孩子送到了象棋训练班，在老师的指导下，孩子进步很快，每次学完棋回来都很开心，身体也健康了很多。

每个孩子都有他擅长或不擅长的地方，有他的强项和弱项，父母要耐心细致地多观察孩子在运动中的表现，多给孩子尝试的机会，也多鼓励孩子去尝试更多的运动项目。孩子小的时候，会很不定性，兴趣爱好也是随时变化的，也许今天喜欢足球，明天就改喜欢篮球了，父母对孩子的这种变化要持宽容、接纳的态度，允许孩子有变化，尽量配合孩子的变化，不管他喜欢什么样的体育项目，只要他爱运动，爱锻炼就是好习惯。

我的孩子在上小学时体重曾达到60公斤，是个不折不扣的小胖墩儿。因为肥胖，他在班级里常常成为大家取笑的对象，他因而非常自卑，不喜欢参加班级的活动，也不喜欢运动，是个挺没朝气的小男孩。

那时候我工作特别忙，经常出差采访，基本顾不上他，除了让保姆少给他饭吃以外，对他的体重不断增加我也有些无奈。

后来有一天儿子放学回来哭了，说同学都欺负他，骂他"死胖子"，让他很难过，他再也不想去上学了。

孩子的眼泪惊醒了我，我想我再也不能这样坐视不理了，我要让我儿子喜欢上运动，动起来他自然也就会瘦下来了。

我开始减少了一些工作，多抽出一些时间来陪伴儿子，为了让他喜欢上运动，我给他买了足球、篮球、乒乓球，带他去学游泳、学羽毛球，也报了足球班儿、篮球班，一段时间下来以后，我发现儿子爱上了篮球。

他开始在篮球上大显身手，手长、腿长、弹跳好的身体条件让他玩篮球时入门特别快。为了打好篮球，他买来了篮球入门的书，买来了 NBA 的光盘，还到奥体中心参加了篮球训练营。篮球让他认识了很多好朋友，也懂得了尊重别人，向别人的长处学习。

很快，儿子的球技就在小区里小有名气，每天有不少慕名来找他打球的青少年，还包括一些成年人。打篮球的运动让儿子很快甩掉了一身肥肉，身材变得挺拔而矫健。等他初中毕业考入高中的时候，他已经从一个胖墩儿变成了一个身高 181 公分，体重 70 公斤的棒小伙，一脸的阳光与朝气。篮球运动成了儿子酷爱的体育项目，直到他到国外留学，尽管学习非常紧张，他还坚持每个星期打两场篮球，他说在球场的酣畅淋漓，是他留学生活最大的快乐。

引导孩子学会打篮球，找到他可能一生都很喜欢的运动项目，这可能是我在儿子身上做得最好的一次选择吧。尽管我爱好的是羽毛球，可这并没有影响儿子的选择，他的羽毛球打得也不错，只是不是他的最爱罢了。

父母想要培养孩子爱运动的品格，一定要首先支持孩子自己的选择，你不能替他选择或者告诉他必须选择什么，这完全是孩子的自由与权利。

只有这样，孩子才会把运动与他的兴趣爱好结合起来，孩子有善变的一面，也有执着的一面。有时候，如果他喜欢这项运动，无论多枯燥，他都会觉得因为有乐趣而坚持下去。

要给孩子一些时间与机会去体验，不管孩子喜欢什么样的运动，只要是健康、积极的，对身体成长有益处的，父母都应该支持。

父母最需要引导孩子的是对运动的兴趣，并且，做孩子在运动上的榜样。在运动中父母可以和孩子成为伙伴，也可以成为竞争对手，这更有利于培养亲密的亲子关系。很多父母都犯愁孩子渐渐长大以后，跟他们疏远了，感情上有了隔阂。实际上，只要你能够和孩子一起参加体育运动，你就会发现运动是你们共同的语言，你们在运动中共同磨炼了意志，在运动中共同收获了成长，运动会让你和孩子的心贴得更近。

④经常带孩子去看一些体育赛事

高水平的体育赛事常常会看到高水平的职业运动员的表现，并能够感受到这项运动激动人心的地方。我以前经常带孩子去看北京国安足球队的比赛，尽管我并不精通足球，但我喜欢置身于足球赛场的那种感觉，几万人和你一起呐喊欢呼，素不相识的人因为喜欢同一支球队而迅速成为莫逆之交，这种感觉真的很让人陶醉。

尤其是对于孩子来说，再没有什么比体育运动更具有感染力的活动了。经常带孩子去看一些体育赛事，不仅会让孩子见识高水平的运动比赛，还会影响孩子对这项运动的看法与兴趣。

很多孩子就是因为看过了 NBA 的比赛而疯狂地爱上了篮球；

很多孩子就是因为感受到了足球场上那振奋人心的呐喊而酷爱上了足球。

孩子会因为这些赛事而对这项运动着迷，他会亲自去尝试这些运动，并为此不断地提高自己的水平，孩子对运动的兴趣也是这样被培养起来的。

观看体育赛事还是父母与孩子沟通的好时机，尤其是父亲与孩子关系改善的最好契机。

张斌是一位16岁男孩的父亲，由于长期忙于工作，他平时很少跟孩子沟通，尤其是当他的儿子进入青春期后，叛逆而任性的孩子对父亲的抵触情绪特别大。张斌来找我做亲子关系咨询时显得特别苦恼，他实际上很爱很爱他的儿子，这么多年辛辛苦苦打拼事业，就是为了给儿子一个好的生活，可对这一点，他的儿子并不领情。

为了帮助张斌改善与儿子的关系，我与张斌的儿子通了个电话，聊了很长时间，在电话里我得知张斌的儿子酷爱篮球，而且打得也不错，他最大的愿望就是去美国在现场看一场NBA的比赛，亲眼看看他崇拜的那些篮球巨人。

同张斌的儿子聊完以后，我觉得这个男孩挺积极、正面的，不像张斌说的那么负面，我把我的感觉跟张斌谈了，他承认也许是他看孩子的角度过于负面，所以感觉孩子身上全是负面的东西。

我把张斌儿子的愿望告诉了他，我建议他想要改善与孩子的关系，要先从了解孩子喜欢什么讨厌什么开始。

得知儿子最大的愿望就是去美国看一场NBA比赛时，张斌很惭愧。他说因为工作需要，他一年要往返美国无数次，可他从来没想到要去关注一下NBA的赛事，而且他也从来都不知道儿子酷爱篮球，最喜欢NBA。

不久，张斌又一次出差去美国，这次他托了朋友，费了好大劲儿才买到两张 NBA 季后赛的入场券。

在爸爸的帮助下，张斌的儿子终于坐到了 NBA 赛事的现场，那时篮球巨人姚明还尚未退役，他精彩的表现让这个 16 岁的男孩流下了热泪。父子俩在比赛结束后，激动地拥抱在一起，仿佛那些紧张、对峙、隔阂从来没有过。

在从美国回来的飞机上，从来不喜欢跟父亲讲话的张斌的儿子，兴奋地跟爸爸聊了一路，从 NBA 聊到 CBA，从科比聊到姚明，张斌临去看赛事前在网络上恶补的 NBA 的常识，在这时发挥了很大的作用。见父亲如此了解 NBA，儿子好像找到了知音，十几个小时，两个人居然一直聊到了北京。

下飞机后，张斌的儿子主动帮爸爸领取了所有的行李，还说了一句让张斌一直感动到现在的话："爸爸，您累吗？"那一刻，张斌只觉得热泪在眼眶涌动，幸好儿子推着一车行李走在他前面，才没有看到他的泪水。

一场篮球赛事消融了父子俩长达 10 年的紧张关系，让父亲更加了解儿子，也让儿子更加接纳父亲，这就是运动的力量，就是运动的魅力。

所以，想让你的孩子成为运动达人，让运动成为他一生的习惯，多带孩子去看一些体育赛事，多让孩子接触一些体育方面的信息，这对孩子运动兴趣的培养至关重要。

⑤和孩子在家或你感觉舒服、放松的地方一起做运动

找一些你可以和孩子一起参与的运动，与孩子在家里或公园里一起运动，也是让孩子养成运动习惯的好办法。

由于在家里或者公园里孩子的情绪比较放松，也没有教练或团队的压力，孩子会更加享受运动的乐趣，可以做的体育项目很多，

比如踢球、打羽毛球、跳绳、滑旱冰、骑自行车……这些都是非常简单，又有益健康的活动。

可以适当在这些活动中引入一些竞争，比如跟孩子比赛，或者妈妈跟孩子一组与爸爸展开对抗赛，这些活动都有利于激发孩子的运动热情，引起他对运动的兴趣。

同时，也让孩子懂得，任何事情都是有规则的，运动也不例外。想要获得最后的胜利，必须把规则弄明白，让孩子从小就懂得规则的重要，也是非常好的品格养成。

另外，在与父母一起参与的运动中，孩子的表现会很积极，因为孩子都渴望父母的关注，和父母在一起，他会努力用更出色的表现来赢得父母的关注与赞赏。如果父母在运动中不断地对孩子表示欣赏与肯定，孩子的情绪必然会受到极大鼓舞，他会在这种愉快感中获得满足和快乐，并会因为这种满足与快乐而喜欢上运动。

⑥让孩子多参与一些团队的、重要合作精神的体育项目

体育运动历来是一项磨炼人的意志，训练人的行动力和执行力的活动，在很多体育项目中都需要团队精神，需要集体配合才能获得成功。

那种个人利益为主，自我意识严重的人往往会被很多运动团队拒之门外。现在的孩子大多是独生子女，因为缺乏团队生活的体验，有许多孩子因此养成了唯我独尊，自己最重要，别人无所谓的意识，这对他未来的成长是极为不利的。

想要孩子融入团体，具有配合意识，体育运动是最好的一种方式。

篮球、足球都是很好的，需要有配合意识的体育运动项目，让孩子多参与一些这样的体育运动，体验与他人合作才能成功的感觉，是一种非常好的与他人相处的方式，体育运动常常是群体

运动。

很多孩子是在参加了一些体育运动后才明白团队的力量有多么重要，懂得了与别人取长补短，更加尊重别人的长处，更加经得起挫折和失败，才会更加合群。优秀的体育运动对孩子的人格也是一种锻炼，经常参加体育运动的孩子大多心胸开阔，意志坚强，人格积极向上，情绪饱满而健康，这也是我们看到的运动员，常常是英姿飒爽，朝气蓬勃的缘故。

运动会使人的大脑神经分泌出兴奋物质多巴胺，这是一种让人情绪放松、心情愉快的物质。父母通过仔细观察孩子的情绪便会发现，每次参加完运动之后，孩子的情绪总是会变得特别高涨，眼神明亮，特别爱说爱笑，身体也变得灵活敏捷。

而那些长期不运动的孩子，或者根本就没什么运动兴趣的孩子，则很难看到他们有这种神采飞扬、朝气蓬勃的时刻。

在我的调查中发现，现在大多数孩子的业余时间喜静不喜动，有的孩子玩电脑游戏一坐就是几个小时，甚至十几个小时，有的孩子看电视、动画片也是一坐几个小时。俗话说，久坐伤身。坐得太久大人的身体都受不了，更何况孩子，这一方面跟父母的习惯有关，因为，据我所知，现在很多父母由于工作忙碌，回到家里也是能不动就不动，疏于体育锻炼；另一方面也跟孩子从小没有养成爱运动的品格有关。所以，想要培养一个喜欢运动、热爱运动的孩子，一定要从他小的时候入手，从小就带他一起运动，让他体会体育运动给生活带来的乐趣。

适当的体育运动对孩子的生长发育水平也有很大的影响。孩子参与锻炼得越早，体育的提高也往往越快，这对孩子"体育"潜能的开发是极为有利的。

目前炙手可热的NBA当红球星林书豪就是这样一个例子。林书豪出生在一个美籍华人家庭，他的父亲年轻时酷爱篮球运动，是美国NBA的铁杆球迷，林书豪在很小的时候就和弟弟一起在父亲的带领下投身篮球运动。在父亲的影响下，他也深深地爱上了篮球，小小年纪就显现出突出的篮球运动潜能。13岁时林书豪身高170厘米，由于父亲和母亲个子都不高，林书豪对自己的身高也充满了忧虑。

但是，在父亲的鼓励和带动下，林书豪一直坚持打篮球，坚持运动，同时，牛肉和牛奶成了他的主要食物，被NBA球队选中的时候，林书豪已经长到了两米高，成为真正的篮球新秀，同时，由于出色的体育特长，他还被美国的著名学府哈佛大学录取，成为一名哈佛的在校生。林书豪也成为继姚明以后，又一颗耀眼的华人篮球巨星。

林书豪的成功除了有他对篮球的狂热之外，还有他父亲的坚持与锲而不舍。运动让这对父子变得更加亲密，更加善于沟通。

在很多父亲感叹与孩子沟通不畅，缺少良性互动的今天，带领孩子一起参加喜爱的运动，绝对是一个特别好的改善相处关系的机会，爸爸们都可以试一试，也许孩子的体育潜能就在这种尝试中被激发出来。

让孩子爱上运动，培养孩子热爱运动的品格是一个漫长的过程，父母一定要懂得坚持，不能轻言放弃。当运动成为父母的一种习惯，成为家庭的一种气氛时，孩子的运动品格的养成也就容易多了。

而这种可贵的品格将陪伴他一生，在给他带来健康、强壮的体魄的同时，也带来积极向上的人格。父母们，要加油啊！

培养孩子热爱生命、追求梦想的品格

> 热爱生命、追求梦想的品格，是孩子人生的基石，只有基石打得牢，人生才能够取得成功。父母要让孩子懂得爱是生命的真谛，懂得享受生活的点点滴滴，懂得正确看待失败和挫折。

（一）孩子们为什么这么脆弱？

据中国心理学会调查，目前中国3.4亿17岁以下的未成年人，约有3000万处于心理亚健康状态，中小学生心理障碍患病率为21.6%~32%。在我的调查中也发现目前不少孩子，存在严重的"灰色心理""厌世"或萎靡不振的精神状态。

前不久，某报纸以"两小学生相约自杀凸显生命教育缺失"为标题，报道了2012年3月1日，福建漳蒲县前亭镇过港小学五年级的两个小女生牵手走向池塘自杀的消息。

两个小女生平时学习成绩中等偏上，表现很乖巧，从未受到过老师批评，也没有发现她们自杀前有什么异常现象。

但是，从当地公安部门出具的两个孩子自杀前写的遗书中，我们可以看出两个孩子同样是由于心灵孤独，对生命感到迷惘而走上绝路的。

两个孩子都是留守家庭的留守儿童，父母常年在外打工，忽视了与孩子的亲情交流和心灵沟通，孩子的内心一直因为缺少家庭的温暖而比较孤独，而最重要的是她们对生命的意识非常淡薄，生命和死亡意味着什么？对她们来说可能根本是一个从未深入考虑的问题。

由于父母从小缺乏了对她们进行热爱生命的教育，两个花季的女孩轻易地放弃了生命，的确令人扼腕叹息。

无独有偶，前不久，东北的一所小学也发生了这样的事情。一位小学六年级的女生，因为跟男生传纸条被老师认定为"早恋"，女孩为了证明自己没有早恋，在到网吧上网跟所有的同学告别后，从教学楼的四楼一跃而下，弃爱她的父母而去，给父母和家人造成巨大的伤痛。

如果说福建这两个相约牵手赴死的小女生是因为缺少家庭温暖而放弃了生命，而这个东北的女生则是因为遇上了一点挫折，就走上绝路。现在的孩子如此脆弱，不由让人感叹，生命的教育在孩子们中间缺席太久了。

的确，对于年幼的孩子来说，生命的意义、生命的价值、生命的存在感，都无法用一种简单的语言解释清楚。想让孩子从小就学会热爱生命，父母的言传身教是非常重要的。如果父母是非常热爱生命、热爱生活的人，孩子自然也会成为珍视生命的人。如果父母对生命缺乏热情，孩子出现问题的可能性就很大。

我曾经在心理咨询中遇上这样一对父子。父亲由于是返城的知青，文化程度不高，在后来的工作中处处受挫，后来索性就不出去工作了，靠在商店做售货员的妻子那微薄的工资度日。由于生活处处很不如意，这位父亲悲观厌世情绪严重，处事消极，对什么也不感兴趣，以至于后来连家门也不出了。

后来，他的妻子带着他28岁的儿子来到心理咨询室做心理疏导，这位妈妈说，她的儿子本来挺健康开朗的，可就是在他父亲的影响下，渐渐变得封闭、内向，后来，重点高中没考上，上了一年多职高也觉得没意思，退学回家以后，这个男孩就一直在家待着，出去找了几次工作，也觉得没意思。

在父亲消极厌世情绪的影响下，儿子也出现了明显的厌世情绪，每天无所事事，什么也不想干，对生活一点热情也没有，常常觉得活着是一种负担，甚至流露出自杀的念头。我给他做了抑郁量表的检查，结果发现这个男孩已处于重度抑郁状态，需要马上借助药物治疗。

人们常说有什么样的父母就有什么样的孩子。这位28岁的男孩看上去就像48岁，头发乱糟糟的，胡子也不刮，整个一个颓废的状态，让人看上去特别着急。

后来我建议男孩的妈妈想办法把孩子带离与他父亲共处一室的环境，又建议他尽快去专业机构治疗抑郁症。大概过了两个月，男孩又出现在我面前，但是形象、气色各方面已经好多了。

他说居委会照顾他，把他安排在街道办的职业介绍所里工作，虽然工资不高，但是每天都可以帮助那些下岗来找工作的人，这让他特别开心，也第一次觉得自己活着挺重要的。

由于开始进行药物治疗，他的抑郁状况已经得到控制，情绪和精神状态都开始有了好转，由于工作有了收入，他开始懂得体贴妈妈，经常帮妈妈买点菜回来，这也让他的妈妈特别高兴。

热爱生命本来也是一种本能，可这种本能常常存在于潜意识中，你不给它力量，它可能就不会迸发出巨大的热情，这双给予孩子力量的手属于父母，也属于社会，正是这双手牵引着我们的孩子，从人生的一个路口走到又一个路口。

（二）热爱生命、追求梦想的品格，是孩子成功人生的基石

只有人生的基石打得牢，孩子才可能获得成功。我曾经在亲子教育讲座中总结了教会孩子热爱生命的十大方法与对策：

①让孩子懂得生命的起源是爱

我曾经在一所小学做讲座时，问过在座的那些孩子们，他们的年龄大概在7~12岁。当我问他们生命是如何来的时，现场鸦雀无声，当我问他们，他们是怎么来的时，孩子都争相回答，有的说："我妈妈说我是在医院捡的！"有的说："我妈告诉我，我是别人送

给她的！"还有一个小女孩更有意思，她说："我妈妈说是她在厕所里捡到的我！"

面对孩子们五花八门的答案，我有些忍俊不禁，我告诉孩子们，是爱创造了生命，是爸爸妈妈的爱创造了他们，我至今记得那些孩子在听我这样说时的一双双亮晶晶的眼睛。

在中国的传统古训里，一直有这样一句话："不知生，焉知死"，意思就是你连生都不知道是如何生的，你又怎么会知道什么是死呢？

对于我们的孩子来说，连生命真正的起源都没人告诉他，他又如何懂得珍惜他自己的生命呢。

我建议每一位为人父母者，在你的宝宝开始懂事时，就告诉他生命是怎么来的，让孩子从小就知道，他的生命不仅仅是他自己的，他的生命属于他，但来源于爸爸妈妈的爱。

爱是能够让生命延续下去的最好理由，爱是让孩子珍视他自己的唯一借口，有爱的孩子就不会有孤独，不孤独的孩子就不会轻易做出让爱他的人伤心的选择。

②要让孩子知道生命生来是要享受的

要让孩子享受爱护，享受照顾，享受长大的感觉，享受成功的快乐，也享受失败和痛苦。生命中的快乐将永远大于苦恼，因为生活中的美好远远多于丑恶，要记得给孩子一双善于发现的眼睛。

8岁的男孩祥祥放学没有回家，父母很着急到处寻找着他，直到第二天早晨，晨练的老人们才发现在桥下的河水里已经冰凉的小男孩祥祥。

原来，仅仅是因为贪玩没有完成作业，挨了老师的批评，这个男孩便决绝地从桥上跳进了刺骨的河水里。他的父母悲痛欲绝，说什么也不相信才8岁的孩子就这么走了，他们哭天喊地，又准备把批评孩子的老师告上法庭,可是,这一切又有什么意义呢?

看到这条消息,我思索了很久,现在的孩子到底是怎么了?怎么会如此厌倦生命?

邻居的小女孩俏俏只有9岁,刚上小学三年级,在电梯里我经常碰上她跟妈妈在哭闹,妈妈一言不发,替她背着书包,拿着水壶,眼神很坚定,丝毫不为俏俏的哭闹而动摇。

我开始观察俏俏的生活,每天早晨6:00准时下楼,早餐在妈妈的车里吃,通常是一块面包加一包牛奶,因为妈妈替她选的重点学校离家远,所以,开车也得走40分钟。中午在学校吃饭,下午放学到家以后先写作业,大概要三个小时,遇上考试作业会写到晚上11点,写完作业,得练两小时钢琴,妈妈在旁边监督,练好琴洗澡准备睡觉,因为第二天还要早起,孩子基本没有一点儿玩耍的时间。

周末两天,孩子要上英语特长班、钢琴特长班、舞蹈特长班、美术特长班、奥数特长班,每天基本上也是一大早就起,很晚才能睡,周六的晚上可以看一个小时的电视,这是俏俏唯一的消遣。

每天都是这样的生活,周而复始,不用说还是个八九岁的孩子,我想就是非常有自制力的大人也常常难以忍受如此枯燥而机械的生活,难怪俏俏经常在电梯里跟妈妈哭闹,才上小学三年级,这个活泼的小女孩已经基本失去了自己可以支配的时间与空间,放在谁身上估计谁也不会那么情愿吧?

有一次在电梯里碰上俏俏妈妈,我跟她交流了一下,俏俏妈妈说,"没办法呀,现在的孩子都是这样,你学什么我也得赶紧学什么,要不然就缺乏竞争力了,与她们同学比,俏俏报的班不算多,至少我还允许她每周看一次电视,她们的同学有的连电视都没得看,再说不从小抓紧学,将来长大了怎么办啊,我现在把时间都让她玩了,将来长大了她找不到好工作就得怨我,这个责任我可负不起。"

俏俏妈妈说得振振有词,好像已经看到20年后的俏俏流落街头的模样了,我只得把想说的话都咽了下去。

所以,在我看来,现在大多数孩子最幸福的时光当属于2岁之前,在他咿呀学语,蹒跚学步的时候,父母是宽容的,基本上对他没有什么要求。

可一过了3岁,孩子就成了家里最辛苦的那位,早晨天不亮就得从被窝里爬起来,准备上幼儿园,在幼儿园里老师开始用各种方式灌输知识,好不容易被爸爸、妈妈接回家了,还得一边走路一边背唐诗,算1加1等于几。这是我经常在家门口的幼儿园见到的场景。

等到上了小学,父母的"紧箍咒"就念得更紧了,小小的孩子,大大的书包,奔波在上不完的特长班之间,原本该在运动场、草地上、花园里奔跑、嬉戏的孩子们,疲惫得只剩下了哭闹,而父母则在孩子的哭闹中沉默着。

我的孩子从未上过任何特长班,但是,他照样篮球打得很棒,16岁就写了两部长篇小说。

我从小就告诉他,生命是用来享受的,他喜欢音乐、电影、美术和美食,我从来没在学习上要求过他,一切都是尽力而为就好,我要他尽量感到快乐,因为我相信快乐的孩子是不会很差劲的。

我特别不能理解现在的父母总是用孩子将来的问题剥夺孩子现在的快乐。俏俏只有9岁,她的妈妈就已经在为她20年以后的事崩溃了,我觉得这是特别不聪明的做法。

为什么我们的孩子会不热爱、不珍惜生命?那是因为他没有从这生命中得到什么快乐,你相信一个疲倦的、睡不够的、永远没有周末假期的孩子会喜欢他的生活吗？

对于父母担心的孩子们20年以后的遭遇，他们是不会懂得的，父母期望孩子通过这一点来了解父母的苦心完全是徒劳的。

我想说的是，孩子的未来很重要，孩子的现在更加重要，我最看不得的就是邻居小女孩俏俏的哭闹，每当她在电梯里跟妈妈不开心的时候，我总有一种把她抱在怀里的冲动，我想告诉她："宝宝，别哭了，阿姨这就带你去公园，听说那儿的海棠花都开了，我们去拍几张美丽的照片，看看你的笑脸有多么美。"

可是俏俏不是我的孩子，我要是这么做，估计她的妈妈会怪我毁了她家女儿的大好前程。

但是，我希望俏俏的妈妈懂得告诉女儿，她的生命是珍贵的，她应该懂得享受她的生命，享受爸爸妈妈对她的照顾和爱，将来她还会享受长大的感觉，享受自己人生的成功，这一切都将使她的生命变得更加丰富。

我还希望俏俏妈妈告诉女儿，生活是美的，有很多美好的事情正在等待她去慢慢发现。父母应该给孩子时间让她去观察和体验生活的美好，去看看美丽的大自然中，一年四季风景的不同，去体验一下远足的快乐，可以边走边唱，感受生命的律动，还可以在草地上撒会儿野，在雪花中打个滚儿，让孩子的天性随着他的成长尽情地释放。

这才是有活力的生命，这才是真正地活着，相信没有人不爱这种感觉。学会享受生命，才会热爱生命，我想这应该是今天的父母特别要让孩子知道的道理。

要想孩子眷恋生命，总要给他一些可以眷恋的东西，比如美妙的音乐，漂亮的衣服，惹人垂涎的美食，百看不厌的书籍……有时候，孩子会因为他喜欢这个世界而倍加珍惜他的生命。

就像成年人很少有为了一点小小的挫折就去选择放弃生命的，因为成年人更加懂得这个世界的美好，更加眷恋他身边的一切。

年幼的孩子最怕的就是孤独和失去爱的交流，父母们不要觉得你总陪在孩子身边，他就不会感到孤独，如果你的陪伴缺乏心灵的交流，缺乏爱的呵护，孩子依然会觉得孤独和恐惧。那些小小年纪就选择放弃生命的孩子，大多数是因为之前都有一段孤独的心路历程，孤独、失爱成为他们年幼的生命不能承受之重。

想让孩子热爱生命，就得让他们体会生命的乐趣，感受到活着的快乐。大人们常常会因为生活压力和社会规范的要求，活在一个模式里，每天过着机械式的生活，但孩子们不同，他们是新鲜的、活跃的、蓬勃的生命，他们需要新鲜的阳光与空气，需要经常变幻生活的模式，父母们应该看到这一点，学着要带领孩子们经常领略不同的生活，带给孩子不同的生活感受，只有这样才会让孩子感到生命是可爱的，生命是可亲的，是会让他产生眷恋的，从而让他爱生活、爱生命。

③帮助孩子建立责任心，给他一个机会，让他去承担某种责任，从而让他觉得自己很被需要

我曾经接待了这样的一对母女：母亲漂亮、霸道，女儿叛逆、男性化，据说不喜欢被人称作女孩，喜欢假扮男孩。

母亲说，从女儿十二三岁起就无法跟她沟通，经常离家出走，还割脉自杀过一次，这一次又离家出走十几天，好容易才把她找回来，母亲希望通过心理咨询，看看孩子到底是怎么了。

女儿说，妈妈不像个女人，倒像个男人婆，非常强势，什么都管着她，从发型到穿衣打扮，最痛恨她穿男装，还束胸，可她就是喜欢穿男装，她对自己是个女孩很不开心，她很想等满了18岁就去做变性手术，她不要做女孩。

女儿的话让妈妈特别生气，当场就骂女儿"变态"，母女俩在咨询室就吵了起来。

我劝了半天，母女俩才算平静下来，我了解到，女孩的妈妈是做生意的，家境不错，女孩从小是在保姆的照顾下长大的，妈妈因为生意忙有时照顾不了孩子，为了弥补自己的内疚感，她一直在物质上对孩子进行补偿，这养成了这个女孩花钱大手大脚的习惯。而女孩的爸爸也很宠爱她，爸爸也是因为做生意很忙，于是，他也是靠大把给孩子钱当作一种弥补方式。两夫妻都忙于事业，疏于管教孩子，直到他们发现孩子已经变得完全没办法跟他们沟通，并且经常离家出走，跟一些不三不四的人混在一起时，才觉得有必要纠正孩子的一些行为。

由于女孩正处于青春期叛逆阶段，因而，她对父母的管教极为不适应，冲突不断升级，最严重的一次，女儿把妈妈脾脏打伤住了院，就这样女孩依然是扭头就走。

这显然是一个被宠坏了的孩子，她对自己的生命极不负责任，对别人的生命更是漠视，甚至连妈妈都舍得伤害。

女孩的妈妈说到这里失声痛哭，可女儿面对妈妈的眼泪无动于衷，根本就没有一点感觉。我让妈妈到隔壁房间冷静一下，把女孩留下来单独跟她谈了谈。见妈妈离开，女孩一直忍住的眼泪也流了下来，她说："这个家根本不需要我，爸爸、妈妈根本不需要我，在我那么需要他们的时候，他们在哪里？除了给我钱，他们从来不关心我，我为什么喜欢跟朋友在一起，因为朋友肯听我说话，朋友关心我，对我好，所以，我宁愿待在朋友的家里，也不愿意回自己的家。"

"那妈妈被你打伤脾脏，妈妈住院的时候，你去看妈妈了吗？"

"我没去，我才不要去，跟我有什么关系，谁叫她先打我，谁叫她惹我。"

女孩振振有词地说着，好像都是别人犯的错，我说："不管是谁的错，你把妈妈打伤了，这事儿就很恶劣，妈妈出院以后还能原谅你，到处找你，把你给找回家，是在给你机会让你认识到自己的错误，这一点你明白吗？"

一直有些满不在乎的女孩见我如此严厉的批评有些意外，她开始低下头沉思起来。

实际上，像这样的孩子我在亲子关系辅导中经常遇到，他们大多数是属于家庭条件比较好，父母主要在物质上补偿孩子，而缺少对孩子心灵成长的关怀，这些孩子有一个共同的特点便是孤独、叛逆，生命意识淡薄，对生活缺乏热情。

而我觉得他们不热爱生命不热爱家庭的最重要的一个原因便是责任感的缺失，由于父母均无暇顾及孩子，时间长了孩子就会感觉自己是个多余的人，是不被任何人需要的人，这对一个孩子来说是一种被抛弃的感觉，正是这种感觉，让他们漠视生命，虚度人生，而造成他们这种状态的正是他们的父母。

所以，我建议所有的父母爱你们的孩子，爱孩子并不是给足够多的钱就可以，也不是替他把一切都做了。爱你的孩子，首先要帮助你的孩子建立一种责任感，让他学会承担点什么，哪怕是微不足道的小事，这让孩子觉得他还有被需要的地方。

所有的被宠坏了的孩子都有一个共同特点，那就是无论出了什么问题，他都认为应该由别人来承担，这种心态会导致他们对自己的行为不够负责，对行为的后果从来都缺乏思考，所以，这个群体的孩子常常出现极端的偏激行为。建立责任感就是要他们对自己的行为负责，对行为产生的后果要有所考虑。

对于带着叛逆的女儿来咨询的那位母亲，我建议她把在物质上对女儿的"无限供给"改为"有限供给",不能用千方百计地满足孩子的物质欲望替代与孩子的心灵的交流,也不要让孩子感觉她可以不费力气就应有尽有,这样她就会不懂得珍惜,甚至没有丝毫感恩的意识。

还应该确定她在家庭里的位置,把她当作真正的家庭成员一样来对待,在这里让她付出她应该付出的,也得到她应该得到的。

母亲的尊重会让女儿的心变柔软,也会让她建立自己的责任感。我建议这位母亲把保姆辞退,让孩子自己负担她的生活,并且,在有可能的话照顾父母或其他家人。

让孩子在生活上多承担一些,父母则应该在精神上要多付出一些对孩子的关切,比如多和孩子聊聊天,多倾听她的心里话,让她有说话的权利,父母再忙也要养成每天倾听孩子的习惯,哪怕是在电话里跟孩子沟通,也比跟孩子没有交流好很多倍。

我告诉这位母亲,不要把爱和要求同时给孩子,这样通常会让孩子很不舒服,他会认为你爱我就是要我怎么怎么样,心态会因此变得倾斜,父母爱孩子应该是无条件的,爱不是交换,而是真心付出。父母的真心一定会换来孩子的真心,而如果父母那种你必须达到了我的某种要求,我才会去爱你的模式,长期存在于家庭中,孩子也会以父母是否能满足他的要求为条件去爱父母,这种爱是沉重的,是不理性的。

这种爱的模式在中国的家庭里比较多,中国的孩子很多都是不快乐的,我想可能跟这种爱的模式有关,而不快乐的孩子,通常不会热爱生命。

父母对孩子有要求是必要的,但这种要求一定要以孩子的自我约束和自我实现为前提,让孩子实现对自我的管理,是让他体验生命价值的最好方式。

④帮孩子设定随时可能达到的目标,让他的成长时期与成功相伴,减轻压力

在天津的一次亲子课堂上,在轮到每位学员分享心得的时候,有一位8岁的小男孩给我留下了深刻的印象。这个8岁的男孩有圆圆的脸庞,长着一双明亮的大眼睛,他是和妈妈来听课的,当麦克风传到他手里时,我发现他犹豫了半天,最终含着眼泪说:"妈妈,对不起,我已经很努力了,可是,还是感觉离你给我的目标很远,我感觉压力好大,不过请妈妈放心,儿子会努力的。"

我毫不夸张地说,这个8岁男孩的话,让全场的妈妈都落了泪,他的妈妈更是忍不住,冲到台上抱住儿子痛哭起来。

一个才刚刚8岁的孩子,就已经懂得什么叫压力好大,这不能不让人感觉到心酸。生命对他来说才刚刚萌芽,可他已经感觉到了沧桑。

讲座后这位妈妈找到我说,她一直觉得她的儿子很优秀,因此,处处对他要求很高,孩子才上小学二年级,妈妈规定他每门功课一定要100分,如果考不到100分,就要到门后罚站20分钟,孩子的成绩不太稳定,有时考得不错,有时却不理想,因此,孩子经常被罚站。

这位妈妈说,其实她也很心疼孩子,孩子罚站时她也会偷偷流泪。可是她不这样孩子的学习就上不去,将来就考不上重点中学,考不上重点中学就进不了好的大学。这位妈妈说到这里已经焦虑得不行,仿佛已经看见她的儿子被名牌大学拒之门外的情景。

对于这位妈妈,我当时只跟她说了一句话:"这位妈妈,你的儿子才只有8岁,到他18岁上大学还有整整十年,这整整十年你都打算让你的孩子在你的这种焦虑和罚站中度过吗?如果他不能成为一个快乐的人,那上了名牌大学又有什么意义?"

之后,又有一位妈妈带着儿子来咨询,孩子马上要中考,身体

却突然出现了各种不适症状，胸闷、气喘、夜里失眠、白天打不起精神，还经常流泪，老说活着没意思，活得太累了等等消极的话。

与孩子交流以后，我发现这也是因为妈妈要求太高导致孩子心理负荷过重而出现生理症状的个案。加上临近中考，孩子的心理出现了应激状态，害怕达不到妈妈设定的目标，变得有些消极放弃，这种心态对孩子即将面临的中考极为不利。

这位妈妈是位典型的对"第一名"有情结的妈妈，她的儿子本来学习不错，成绩一直名列前茅，可她就是很难满意，总是要求孩子每次考试都要得第一名，而且，要门门功课第一名。如果孩子得了第一名，她就很开心，又是送礼物，又是给孩子做好吃的，如果孩子没有拿到第一名，她马上就非常不高兴，轻则不理孩子，重则责备孩子、痛哭流涕。

在妈妈的高压政策下，男孩非常痛苦，又无人可以倾诉，长期的压抑导致他的心理终于出现问题，生理也出现一系列不适应症。

看到这个本应朝气蓬勃的花季少年无精打采地坐在那儿，两眼无神，目光呆滞，我真的特别心痛，我担心他的妈妈再这么做下去，会把一个好孩子给毁了。

所以我一直在建议父母们，千万不要在孩子身上堆砌过高的期望，孩子的生命是柔弱的，他真的承受不了太大的压力，给他设置一个只要他稍为一努力便可以达成的目标，让他时时都能够体验成功的喜悦，比让他望着过于超出他能力的目标，从气馁到放弃要强得多。

很多父母可以接受孩子的成功，却承受不了孩子的失败，这是非常不成熟、不理性的心态。孩子的成功固然可喜，但失败也是人生的常态。在我看来，孩子小的时候多经历一些失败与挫折，比只经历成功要好。

因为成功人人都喜欢，而失败和挫折却不是人人可以承受的，它需要磨炼，需要忍耐，更需要接纳。所谓坚强，实际上就是从失败而来，能够直面失败，原谅失败，接受失败的人才是真正的坚强。

而坚强与坦然是生命最重要的维系，也是孩子必须拥有的重要品格。很多孩子压力一大就出现状况，这通常是因为性格的脆弱和心理承受力较低，与其让孩子门门都考 100 分，每次都得第一名，不如给孩子一颗强大的心脏和顽强的意志，让他学会面对一切不如意，学会承受失败。与孩子的成绩相比，这种品质会让他更加懂得生命的意义。

⑤不要跟孩子讳言生命的脆弱、生活中的无常

最近，好朋友的父亲在美国意外去世，好朋友的两个女儿一个 2 岁，一个 3 岁，怎么也不能理解朝夕相处的外公突然离开她们的这个现实。好朋友忍住悲痛，处理了父亲的后事，很快就投入到正常的工作中去。

对于两个女儿的疑问，她是这样说的："我们的外公是一个好人，可是外公年纪大了，他去天堂了，不过宝宝不用怕，外公在天堂会很快乐，而且，他会每天都守护着宝宝，看着你们健康、快乐地长大，我们都要好好珍惜自己，妈妈要做好妈妈，宝宝要做好宝宝，这样外公在天堂才会放心，好不好？"

听妈妈这样说，两个女儿虽然流了泪，但都表现得特别安静，当妈妈带她们去公墓"看望"外公时，她们每人都给外公带了一束花，放在外公的墓碑前。

好朋友说，她之所以要尽快地恢复工作，就是想让两个女儿看到她的坚强，让两个女儿懂得虽然爱她们的人离开了，可活着的人还要继续下去，生命还在延续，生活还在继续。

父母老了都会离开我们，可我们不能因为他们的离开就无法生活了。好朋友说希望她的女儿长大了，在她离开以后，也能像她一

样给她们的孩子这样的解释，然后坚强地生活下去，因为这是一种生命的接力和传承。

好朋友的做法我比较认同，生命是脆弱的，生活是无常的，每个人都不知道明天可能会发生什么，这就是生命的真相。

我一直赞同在生死的问题上，不要去蒙骗孩子，使得他们懵懵懂懂。把生命的真相告诉他们越早，他们就会越早地懂得珍惜。

很多孩子年少赴死，正是因为他们不懂得死亡的意义，不懂得生命的价值。

见过许多家庭在亲人离世的这件事上不对孩子说实话，我认为这样做不利于孩子的心灵成长，告诉孩子事情的真相，是对孩子的尊重，更是对孩子的负责。很多父母怕孩子知道这件事以后会变得消极，但恰恰相反，如果你用一种恰当的方式告诉孩子这件事的真相的话，反而对孩子的成长是一种积极的做法。

因为孩子会明白，离开的终究已经离开，而活着的必须好好活着，他可能会因此而更加珍视生命，珍惜他的生活，态度变得更加积极。

热爱生命首先要了解生命，享受生命也一定要先懂得生命，这是孩子的权利，也是父母的责任。

⑥培养孩子善于与人沟通的习惯，教给他排解郁闷的方法

很多教育失败的家庭常常是沟通失败的家庭，很多出了问题的孩子常常是他与父母、他人的沟通出了问题。所以，让孩子从小养成善于与人沟通的习惯，是孩子学会热爱生命的一个重要方法。

现在很多父母头疼的是孩子不愿意跟他们说话，尤其是青春期的孩子，他们的很多心理活动，父母都只能靠"猜"来获得。

沟通不畅，成为了很多父母与孩子矛盾的主要原因，像所有的习惯一样，沟通的习惯也是从小培养的，如果在孩子小的时候你就愿意跟他用平等、尊重、肯定、欣赏的心态聊天，并且把这种习惯

一直保持到他长大，那我相信你们之间肯定会相处得特别开心。

如果你在孩子小的时候没时间听他说话，或者总是用居高临下、权威的、不容置疑的口吻跟他说话，那么到了孩子的青春期，他基本上就跟你没话了，或者即使有话也不想跟你说。

青春期的孩子为什么把朋友看得那么重要，有的甚至觉得朋友比父母都重要，我想这是因为朋友可以平等地倾听他的心声，尊重他的想法，欣赏他的做法。

父母想要跟孩子相处愉快，就要把自己的身段放低，你跟孩子就是朋友，这样孩子才会愿意跟你说心里话，才会愿意跟你亲近。

每个人都有情绪低落、心理郁闷的时候，孩子也不例外，跟成年人相比，孩子显然更不懂得如何去宣泄这些负面情绪。

父母一方面要教会孩子如何控制情绪，一方面也要引导孩子学会用正确的方法排解这些不良的情绪。

适度的宣泄对孩子的心理和生理的健康都是有利的，可以适当地允许孩子采取哭闹的方式发泄他的不满，不过在他哭闹过后，父母可以告诉他，有更好的办法也可以宣泄情绪。

比如说让所有的人离开，自己安静地坐一会儿，比如说去找喜欢的人倾诉一下，把所有的不愉快告诉可以信赖的人，比如说踢会儿球，或者跑跑步，运动会给孩子带来兴奋的感觉，也会让不愉快很快消失。

或者，实在不开心就去睡一会儿，父母不要打扰他。很多时候等孩子睡一觉起来，也许很多不开心的事也就忘记了。

父母要做孩子的心理医生，懂得对孩子察言观色。曾经有个少小小年纪就放弃生命的孩子，实际上在他做断前，都曾经流露出不太正常的情绪反应，只是有的父母过于粗心，并没有及时地觉察到孩子的情绪变化。

孩子终究城府不深，他的一举一动往往是受自己的情绪驱使的，只要注意观察，你可以看得很清楚。他每天过得怎么样？有什么开心或不开心的事情？和老师、同学相处得怎么样？他最近对什么东西感兴趣？这些问题都可以从孩子的情绪上看出来。

父母要做的就是要用心观察，然后储备一点心理学的常识，在孩子需要帮助的时候，及时地对他做心理干预，帮助孩子调整自己的情绪。

孩子的情绪就是孩子生命的晴雨表，当他每天都高高兴兴去上学，快快乐乐回家的时候，他的心里就充满阳光，而当他对什么都不感兴趣，整天无精打采的时候，他的心里可能已经布满了乌云。

父母要尽可能地去跟孩子沟通，孩子的感觉常常是很直接的，大约2岁的孩子就可以把他不开心的原因说明白。父母的责任就是要尽快帮孩子驱散乌云，让阳光重新回到孩子的心里。有阳光照耀心灵的孩子才会成长得更健康。

⑦学会热爱生命还有一个很重要的方法，就是追求梦想

只要有梦想，人就会变得很快乐。我曾经问过许多孩子，他们的梦想是什么。但大多数孩子给我的回答让我无奈，他们的年龄大概在8~16岁不等，很多孩子一说到梦想就是考大学，或者是考名牌大学。我问孩子这是他们的梦想还是爸爸妈妈的梦想，很多孩子的回答是："这是爸爸妈妈告诉我的梦想。"

我总是觉得这样的梦想过于实际，过于功利，梦想可以很大很大，也可以很小很小，但过于实际就失去了奇幻的色彩。

在我看来，梦想是无形的东西，因为它总处于变化当中。孩子在小的时候可能梦想只是做一名厨师，但长大了他又会梦想做一名航天员。梦想之所以旖旎，之所以吸引人，正在于它的无形和变化。

在与很多父母和孩子的接触中，我发现中国的父母是最擅于摧

毁孩子梦想的人。

我一个朋友的女儿很喜欢表演，没事就爱模仿电视剧里的人物，她告诉我，她的梦想是成为一名电影明星，可她的妈妈冲上来说："你别做梦了，电影明星要长得漂亮，你看看你又黑又丑，哪个电影学院会收你，你还是好好学习，将来考个正经的大学，学个热门的专业比较靠谱。"兴致勃勃的小姑娘在妈妈的一顿抢白下，灰头土脸地回屋写作业去了。

同学的儿子从外地到我家来玩，我问正在读高二的他将来的梦想是什么？小伙子腼腆一笑，说我的梦想是开贸易公司，做老板。

孩子的爸爸坐在旁边开了腔："你以为做生意那么容易呵，你一没资金，二没人脉，三没经验，你怎么开公司啊。你还是好好学习，考个大学，出来找一份工作比较踏实。"

再看那男孩满脸的尴尬和不知所措，完全没有了刚才踌躇满志的自信。我突然明白，不是中国的孩子缺少梦想，而是中国的孩子缺少支持他梦想的父母。

我小时候的梦想就是当一名作家，为此我非常努力地读书，而我的父母也非常支持我的梦想，从家里本来就不宽裕的收入中省出钱来，给我订了诸如《十月》《收获》这样大型的文学期刊。

妈妈在学校当老师，学校图书馆的新书只要一到，负责图书馆的齐老师就会通知我妈妈，带我到图书馆读书，别人只借一本，而我可以一下借十几本，至今我还记得自己捧着那些中外名著走出图书馆的心情，那是看着自己的梦想在一点点实现的快乐。

我建议所有的父母们，尊重孩子的梦想，支持孩子的梦想，点燃孩子的梦想就是点燃了孩子的生命，别让我们的孩子因为梦想黯然而生命蒙尘。

父母还要学会引导孩子追求梦想，让孩子在追求梦想的过程中

十一 培养孩子热爱生命、追求梦想的品格

渐渐长大，渐渐明白生命的珍贵，梦想可以说是生命的一个存在方式，人活着就要追梦，哪怕遭遇挫折，只要努力过就没有遗憾。请给孩子这样的人生吧，父母们！

生活中很多仅仅是因为追求梦想便实现人生成功的例子。

2010年《中国达人秀》的总冠军无臂钢琴师刘伟就是这样一个成功追梦人。从小因为意外而失去双臂的刘伟，在他21岁的时候学会了用脚弹钢琴，为了证明没有双臂也可以照样弹出优美动听的旋律，他开始着了魔似的每天要练琴十几个小时，很快，双脚被琴键磨得皮开肉绽，但他忍着痛苦继续练下去，在《中国达人秀》的现场，他以精彩的演奏获得了挑剔的评委和现场所有观众的欢呼，最终，他毫无悬念地成为2010年《中国达人秀》的冠军。

有很多人对刘伟能够用脚把钢琴曲演奏得如醉如泣感到惊讶，但刘伟却说："只要你有梦想，这个世界上就没有什么不可能。"

对于生命，刘伟的理解是："像我这样的人，要么去死，要么就活得精彩。"

这个热爱生命、热爱追梦的年轻人，给了生命最好的诠释。所以在我看来，生命和梦想是一对孪生姐妹，生命灿烂，梦想如花，生命坚强，梦想执着。

如果你没有告诉孩子活着就应该拥抱生命，热爱每一天，那么，毫无疑问你是一位失职的父母。

如果你没有告诉孩子，梦想是一个目标，是一种动力，是让他的生命与众不同的机遇，那么，你的孩子一定活得很迷茫，很没有方向感。

培养孩子热爱生命，追求梦想的品格，就是在给孩子一种守护生命，守护梦想的能力。

培养孩子正向思维、自我肯定的品格

> 当孩子遇到失败和挫折时,要想让他们尽快摆脱消极和沮丧的负面情绪,最有效、最彻底的方法就是培养他们的正向思维,让他们懂得在日常学习和生活中肯定自己。

（一）什么是正向思维？

正向思维源于正向心理学，正向心理学是一门新兴的心理学科，1998年由美国宾夕法尼亚州大学心理学教授马丁·塞利格曼开创，目的是研究人们如何生活得更快乐、更成功和更有意义。

正向思维主要指，当遇上挫折和困难的时候，不要被负面情绪所左右，不要抱怨他人、责备自己，要正向地迎接挑战，积极思考解决问题的方法。

常言说，思维决定人生，正向思维是人生成功的开始，教会孩子用正向思维解决问题，学会自我肯定的方法，是孩子迈向人生成功的第一步。

孩子的自我肯定来源于自尊自信，帮孩子从小建立自尊自信意识，是非常重要的人格的养成。

想让孩子建立正向思维的模式，父母首先要用自己的正向思维给孩子带来教育和影响。

我在亲子关系的辅导中，接触到很多本身就不具备正向思维的父母，这些父母最突出的特点就是看孩子一律从缺点看起，一个本来还说得过去的孩子，被他们一说，那简直就是令人无法容忍。

再看看那被批评的孩子，年龄小一点的委屈得眼泪汪汪，十几岁的鼻孔朝上，根本不屑于看父母一眼。很多父母都感叹，自己付出的挺多的，怎么就跟孩子不能好好相处。有的父母说，恨不得把心都掏给了孩子，可是，孩子怎么就这么不接纳他们呢？

曾经看过一本书叫作《水的智慧》，那里面描述了各种水的结晶，书中附有很漂亮的照片，印象最深的是像雪花一样规则的水的结晶，晶莹、剔透，散发着柔和的光芒，下面的文字显示，是水在欣赏和赞美的目光和语言下的结晶。

水，也被称作流动的生命，对于来自外界的评价，水都尚且如此敏感，更何况有血有肉的人呢？

所以，我建议这些父母，要想改善亲子关系应该从调整自己的思维模式开始，摒弃那些只从负面看问题的消极的思维方式，多用一些正向思维来看自己的孩子，也许就会发现什么不同。

（二）正向思维会给我们带来哪些改变？

正向思维是一种积极的、终极目标指向成功的思维模式，它的最终目的是解决问题，而不是任问题堆积，却找不到解决的方法。

美国的心理学家曾经长期跟踪一些事业成功，人生比较快乐的人，发现他们当中高达90%以上的人都会用正向思维考虑问题，而且拥有正向思维的人对人生的满意度也是比较高的。

在对失败者的调查中，心理学家们发现，失败者无一例外拥有相类似的负面思维，那些消极的、封闭的、破坏性的导致失败的思维方式不仅毁了他们的事业，更毁了他们的生活，使他们陷入失败的深渊中不能自拔。

运用正向思维，我们可以得到如下改变：

①懂得对事情做正面的思考

为什么我们的父母在看孩子时总是觉得不满意，很多时候这并不是孩子本身的问题，而是父母看问题的角度和思维方式的问题。

比如说孩子考试成绩下降了，从负面的角度看这个问题，就是这孩子不努力了，这是他贪玩的结果。如果用正向思维来看这个事情，那就是孩子应该又找到了新的学习动力，因为成绩下降了，所以给了他重新好好学习的机会。

如果父母仅仅因为孩子考得不好就把孩子训斥一顿，孩子肯定会情绪低落，很不开心，随之而来的可能就是对学习缺乏兴趣。

但是，如果父母宽容地对待孩子的考试成绩，告诉他只要努力过就不要遗憾，这次考得不好，说明他下次还有机会考得更好，这种激励孩子的话语相信更会让孩子士气大涨，认真努力地复习功课，争取下一次考得更好。

正向思维就是要你寻找事情的积极方面，从挫折中看到希望，从黑暗中找到光明，它常常会使人精神乐观，能够在任何环境中坚持自己的选择。心理学研究发现，只要孩子对自己持正向的看法，对未来有乐观的态度，他的人生基本上离幸福不太远。

父母想要孩子从小就具有正向思维的能力，必须以身作则，给孩子示范正向的力量，父母应该凡事都往好里想，往积极方向努力，让孩子能够体验到正向思维给他带来的力量。

②教会孩子学会寻找事情的优点面，启发孩子坚持用正向思维思考问题

凡事都有好和坏两个方面，事情的结果常常跟我们的选择有关，积极的思考方式一般会带来积极的结果，而消极的想法就只能有消极的结果。

寻找事情的优点面，就是让孩子坚持正向思维的动机。父母平时应该多和孩子做正向的对话，多用问句，比如，今天的考试你觉得都有哪些收获？比如，哪个同学让你不开心，是不是你没有看到他的长处？这样的问话都会启发孩子积极、正向的思考。

少用反问句，比如考得不好，你能怪谁？和同学都处不好，你还能做什么？这样的反问句常常充满了消极的力量，会给孩子的心理造成很大的压力，而且还会让孩子陷入对问题的消极思考。

现在的孩子责任感不强，遇上问题爱抱怨，爱指责别人，却不会从自身找原因，很大程度是受父母负面思维的影响。

有一个著名的心理测试形象界定了你是正面思维还是负面思维的人，心理学家把一杯水放在 A 和 B 两个人面前，告诉他们这是最后的"一杯水"。

A 面对这一杯水，满脸的喜悦，开始轻轻歌唱，歌词大体内容是，"这是最后的一杯水，多么珍贵的一杯水，我要慢慢地享用它。"

而 B 面对这一杯水，沉思良久开始哭泣。天哪，就剩这一杯水了，这世界多么残酷，生命多么渺小，没有了水生活还怎么继续。

A 和 B 就是典型的一个正向思维者，一个负向思维者，正向思维者即使在绝境也会也保持乐观，看到希望，而负向思维者还没等末日来临就已经绝望透顶，这种人常常和成功无缘，却经常与失败同行。

生活中有很多人不乏才华，也很努力，可就是很难取得成功，究其原因常常是思维方式决定了他们的出路。

想让我们的孩子拥有积极人生的成功，父母最重要的责任便是给孩子一个具有优势的思维方式，而正向思维方式正是一种可以产生正能量的思维模式，在每个人都追求正能量的当下，正向思维是唯一一种获得正能量的方法。

③正向思维可以给孩子坚强、乐观的意志

在正向思维的人看来，任何危机都可能是一大转机，任何失败都有可能成为下一次成功的开端。人之所以强大，正是因为他是在一系列的打击中成长的，乐观和坚强的意志会让孩子在最后的关头"再坚持一下"，争取获得人生的成功，这种坚持的心态常常是成功的保障。

正向思维会让孩子始终保持乐观,接纳自己并接受现实,理性的思考会让他直面问题,接受挑战,并且尽快找到解决的方法。

这种思维模式在孩子遇上挫折时显得更为重要,具有正向思维的孩子会愈挫愈勇,不惧怕失败。而缺少这种思维模式的孩子,则会在困难面前驻足,或者在困难来临之时逃避,这对孩子的人生和事业来说都是极为不利的。

父母可以在孩子遇上挫折的时候用积极的态度启发孩子做正向的思维,比如孩子参加体育比赛若只得了最后一名,积极的做法是:"宝宝,尽管是最后一名,但是你坚持下来就是赢家。"这种做法会让孩子思考,"我得了最后一名,父母还这么鼓励我,下一次我真得加油了。"

而消极的做法则是:"你怎么搞的,才得了最后一名?"这种做法一定会大大地伤害孩子的自尊心,也会影响他参加体育运动的兴趣。

两种不同的做法塑造出两种不同性格的孩子,得到鼓励的孩子会变得越来越努力越积极,而得到了训斥的孩子则有可能变得更消极,对父母也更加抵触。

很多父母都对亲子关系愈来愈紧张感到头痛,这其中很多问题都是由思维方式导致的。正向的、积极的思维方式会营造出和谐的亲子关系,而负向的、消极的思维方式则定会让父母与孩子的关系越来越紧张。

所以,培养孩子正向思维的品格特别重要,而且这种培养一定要在孩子小的时候进行,品格的培养就跟习惯的养成一样,需要父母日积月累,潜移默化地用心去做,才能一点一滴地在孩子身上看到收获。

在让孩子养成正向思维的品格时,还要教会孩子善于自我肯定和自我评价,这有助于孩子的不断进步和成长。

在我所接触的不同国籍、不同种族的孩子当中，我发现中国的孩子是最不擅于自我肯定与自我评价的。

在美国学习的时候，我几乎和美国的中小学生包括大学生都交流过，当我请他们试着给自己一个评价时，大多数孩子都会伸出大拇指，说自己 So cool（很酷），在美国"酷"是一个褒义词，泛指很优秀、很顶尖、很时尚的事物。

而当我对中国的孩子问话，让他们给自己一个评价时，大多数孩子都很不情愿回答这个问题，即使有愿意回答的，也会说我的数学不太好，或我的体育不行，很少有直接说自己的优点和长处的，也很少有直接就夸自己不错的，哪怕他们真的是很优秀的孩子。

我想中国的孩子缺少自我肯定与自我评价的习惯和勇气主要还是因为他们的父母很少对他们进行肯定与评价，有的父母也许会在孩子背后评价一下他们，但当着孩子的面，他们宁愿只评价孩子的不足。

让孩子学会自我肯定与自我评价，是让他们不断进步的一种很重要的方法。我的好朋友教育她的两个女儿每天要对自己一天的经历做一下总结。她的大女儿只有 3 岁，就已经懂得对妈妈说："我今天表现得还不错，就是买东西的时候哭闹很不完美。"二女儿只有 2 岁，已经懂得学着姐姐的样子说："我今天很开心，因为妈妈一直对我的表现很满意。"

两个小女孩这么小就已经知道自己的表现是如何的，是否让人满意，这对她们的成长来说当然是一件好事，因为不足的地方要去改正，而做得好的地方则要坚持，这是她们从小就懂得的道理。

实际上，孩子的做法完全来自父母的引导，想让孩子不断进步，父母就得经常对孩子进行肯定与评价，父母的肯定与评价会在孩子幼小的心灵中形成一股力量，引导孩子不断向上。

具有正向思维的父母，他们对孩子的肯定与评价常常是欣赏的、赞扬的，孩子在这种肯定与评价中通常会受到很大的鼓励，从而表现得更加优秀。

积极的评价会使人身心愉悦，情绪放松，食欲增加，免疫力增强，不容易生病，而那些总是被父母训斥、批评得一无是处的孩子，常常会出现胃口不好，不喜欢吃东西，精神不振，容易生病的状况。

如果父母经常用积极的、欣赏的语言去肯定和评价孩子，基本上这也会成为孩子的一个行为模式。

我曾经在亲子关系辅导课堂上碰上这样一个女孩。她只有11岁，却因为经常说这个同学不好，那个同学不漂亮而导致在班级里面人缘极差，同学们都不愿意跟她做朋友，她也感到很孤独。

我同她交流了一会儿，就发现在她嘴里爸爸妈妈也全是缺点，当我让她自我评价一下时，她迟疑了一下，怯怯地说："我不是个好女孩，同学们都不喜欢我，爸爸妈妈也不喜欢我。"

实际上我看这个女孩挺可爱的，为什么她给自己的评价这么低？这么缺乏自信呢？

在我和她妈妈交流以后得知，原来女孩的爸爸认为女儿就应该管得严一点儿，所以，夫妻俩对孩子要求很严格，从来不会当着孩子的面夸她，或者对她表示欣赏，不管女孩做什么事，父母都会用一种很挑剔、质疑的态度去评价。

这造成了女孩一方面对父母的行为也是一种挑剔质疑的态度，一方面对她身边的人，比如老师、同学，也欠缺正面的评价，因此导致了她的人缘很差。

在父母的这种挑剔的教育模式中，女孩也变得越来越不自信，这对她未来的成长一点好处也没有。

我建议女孩的父母尽快调整自己的思维方式，坚持从正向思维出发来肯定和评价孩子，多多欣赏和鼓励女孩，让她尽快找到自己的自信与自尊，从而改善她与父母和同学之间的关系。

经过一段时间的心理辅导与调整，这个 11 岁的女孩再出现在亲子课堂时，大家都觉得她变得漂亮多了。由于父母也调整了自己的做法，经常得到正向的欣赏与肯定的她，显然已经自信多了。

当我问她和同学们的关系处得怎么样时，她露出了甜美的笑容："我跟同学们都道了歉，请她们原谅过去的我，过去的我看到的都是人家的不足与缺点，现在我发现她们真的都有好多好多优点，我试着每天都夸她们一句，现在大家跟我可好了，我过生日的时候他们还送我礼物了耶！"

"那你觉得你自己是好女孩吗？"我启发式地问她。

女孩羞涩地笑了笑说："我觉得我是好女孩，只是我并不完美。"

这个可爱的小女孩现在已是亲子课堂的志愿者，经常来帮助大家发讲义，维持秩序。她的妈妈看到孩子的变化，直说要感谢我，而我对这位妈妈说："你要感谢你们自己，是你们做父母的调整了教育方式，才收获了这样一个快乐的女儿，还要感谢你们的女儿，是她给了父母修正自己的机会，也给了你们这个家庭成长的机会。"

你看，学会正确的肯定与评价自己对孩子来说有多重要，它可以使父母觉得不可救药的孩子得到重生。孩子还是那个孩子，只是你换一种方式与他相处，他就可能呈现出完全不一样的生命状态。

这就是孩子的成长，它是那么宽容，那么有弹性，永远在给父母成长的机会，所以，做父母的一定不要吝惜你们对他的肯定与评价，要知道你们的行为决定着他的习惯。

在告诉他你们有多爱他的同时，告诉他有多么优秀，多么独特，多么让父母感到骄傲，这些话不是只说一说就够了，最好能做到天天说。从心理学上来讲，这叫作"积极的心理暗示"，对孩子的心理与行为有极大的好处。

一个每天都会让父母感到骄傲的孩子，一般不会表现太差，他通常与调皮、捣蛋、跟同学打架、完不成作业这一类事情绝缘。

因为他每天都会带着"荣誉"出门，这荣誉会让他懂得克制自己，而且他知道爸爸妈妈很欣赏他，所以他会努力地想要做得更好，不会轻易让父母伤心。

最重要的是，当父母学会正面肯定与评价孩子后，孩子也会懂得用这种方式来给自己找准位置，他会养成肯定自己与评价自己的习惯，这会让他不断地成长。

敢于肯定自己的孩子一定是特别有自信的孩子，而自信的确是能够让自己快乐的一个重要保障。

现在很多孩子不快乐，我相信这跟他们的自信心的缺失有关，而孩子的自信心通常来自父母对他的态度和教育方式。

每一位父母都对孩子有很多期待，在渴望孩子有成功人生的路上，正向思维和自我肯定、自我评价的品格就像一驾马车，它不仅掌管着孩子人生的方向，还驾驭着孩子的未来，这几乎是一种决定人生成败的品格。父母们就应该对此给予足够的重视，反思自己以前的做法，是正向思维的多，还是负向思维的多。

实际上这个问题很简单，如果你的孩子每天都很快乐，表现很优异，没有什么让你操心的地方，那么我想，这一定是正向思维模式下的孩子。

如果你的孩子很少有笑容，生活中也没有什么让他开心的事儿，学习上让你操碎了心，需要调整的也许不是孩子，而是你，去看看什么是正向思维吧。

十四 培养孩子勇于尝试、敢于创新的品格

> 勇于尝试、敢于创新的品格在孩子小的时候已经初露端倪。父母们所要做的是将孩子的创造力激发出来,这就要求父母在生活中做到宽容与包容,容忍孩子做一些出格的事情,鼓励孩子的小发明、小创造。

（一）中国孩子的创造力在哪里？

去年 10 月我到美国学习，在一个月的时间里到了美国的洛杉矶、纽约、华盛顿等城市，因为之前去美国很多次了，这些城市也并非第一次看到，但是，我还是感到强烈的新鲜感与时尚感。

美国的商品之丰富，花样之繁多，让我叹为观止。怪不得国人来到美国会不停地采买，成为美国 GDP 的重要贡献者。如今的中国也是经济强国，按说商品也足够丰富，但是，跟美国相比就逊色多了。

首先声明我并不是特别推崇美国，相比之下，我还是更爱我的祖国，我要说的是美国人的创造力，他们的商品之所以让人愿意花掉最后一点银子，就是因为花样、款式都特别前卫、时尚，用美国人的话来讲，就是很"cool"。

正是因为这些商品的不断创新，才让美国人的超前消费观成为一种基本的生活态度。尽管由于金融危机，经济不景气，美国人花钱的状态也许不如中国人更有自信，但我相信美国的商品市场如此花样翻新，绝不是仅仅因为需要吸引国外的游客来消费，他们的终端客户中应该还是美国人居多。

我在美国也花了很多钱，买东西买到手软，主要是因为这些东西国内根本就看不见。回到国内后，我去各大商场闲逛，突然发现国内的品牌橱窗里，陈列的新鞋，基本都是美国减价处理的过季产品，那款式、花色，你说抄袭吧又不像，你说模仿吧也没模仿到家，再一看价钱，是美国同类产品的 4～5 倍，跟国人的收入相比，这种标价简直就有抢钱的味道。

说这么多我没有别的意思，就是想说说中国人的创造力，中国孩子的创造力。

我跟美国的一些大学接触过，很多美国的教授说起中国的学生都有同感，那就是勤奋、努力、用功，成绩不错，但创新能力不高。

在美国无论各阶层、各领域都很爱说一个词儿"special"（特色），餐馆在介绍它的菜品时一定会说到这个词儿；电视上的广告也在说这个词儿；商店里的店员在给你介绍他的产品时，也会把这个词儿挂在嘴边，所以，我的英文中记得最牢的就是这个单词儿"special"。

"special"可以说是美国人的一种追求，也是一种目标，他们认为无论做什么，都需要做出"special"，这样才有可能赢得市场，赢得客户。

在我看来，特色就是创新，就是一种创造力。在美国的市场上，我也看到中国的产品，应该说质量还不错，但创新就谈不上了。所以，在美国 made in China（中国制造）是廉价产品，因为它缺少技术与创新的含金量，美国人也很喜欢中国制造的产品，但仅仅是因为它便宜，中国产品在美国市场上的价格要比在国内便宜许多，这让我觉得中国的企业辛辛苦苦把产品运到美国销售大概也挣不了多少钱，就是有得挣也是个辛苦钱。

中国的创新能力弱一直是国际上比较有共识的一件事，创新需要人才，人才需要培养，可就现在这种应试教育的体制，常常逼迫孩子们要丢掉创造力，一心一意按照老师列出的条条框框去走，这才有可能走进他们心仪的大学，可是，大学里又有多少可以让他们发挥创造力的空间？

我想说的是，不是我们的孩子缺少创造力，而是中国目前的教育模式不利于孩子创造力的拓展。尽管中国人口众多，但到目前为止，国家还没有发现哪一种教育制度比应试教育更能优胜劣汰，考试是一道门槛，可以把大学的课堂里坐不下的那些人挡在门外。所以，它至今还无可替代，这就是中国目前的教育现状。

以个人之力与国家体制相对抗常常是徒劳无功的，所以，我们暂且放下这个话题，来讨论一下如何让我们的孩子在父母的引导下发挥他们的创造力。

其实，勇于尝试，敢于创新在孩子小的时候就已经是他的一种品质。

邻居的男孩小新刚刚2岁，就已经几次把他爸爸的手机扔进马桶里，他说想看看马桶会不会堵，爸爸的手机会不会发不出声音来了。结果，被他爸爸痛打一顿，被告知"手机"是他的禁区。

还是这个小新，有一次他趁妈妈不注意，把所有的调味品都倒进一个锅里，然后，把他的牛奶倒进去，说是要做新的饮料，结果，让妈妈一通怒吼，小新缩在自己的房间里，有一个小时没敢出来。

在电梯里碰到小新的妈妈，她就开始向我诉苦，她说儿子小新简直就是破坏大王，所有的书都给撕掉，说这样读起来方便，想看哪页就看哪页，家里的墙被他用彩笔涂得一塌糊涂，连爸爸的拖鞋上也被他画上图画，他的玩具几乎没有一件是完整的，他的兴趣是买到新玩具，就要拿回来拆开看看，为此，爸爸揍了他好几次，他都改不了这毛病。

面对小新妈妈的苦恼，我其实很想恭喜她，这是一个多么有创造力的孩子啊。他才刚刚2岁，就有这么强大的破坏力，说明他的聪明也不是一般啊。

可是我的话小新妈妈并不认同，她说，这孩子就是"坏"，性格不好，长大恐怕也难成什么好材料。

我对小新妈妈说:"我敢肯定这孩子不坏,而且还很聪明,至于将来成块什么材料,可完全靠你们夫妻把握了。"

做家庭教育这么多年,我知道生活中像小新这样的孩子不在少数,这样的孩子通常很活泼,爱提问题,好奇心重,对什么都想探个究竟,因而,具备一定的破坏力。父母常常会因为孩子爱搞破坏而责骂或惩罚孩子,这其实对于孩子来说是特别不公平的一件事。

破坏力有时就是创造力,所谓不破不立,与孩子的聪明才智相比,他弄坏的书籍、玩具又算什么呢?

父母要看孩子弄坏东西的动机,如果他只因为好奇,想搞清楚一些东西的内在构造而搞的破坏,父母就应该原谅他,并告诉他正确的方法。

我还遇到过这样一位妈妈,她来咨询是因为她的女儿刚刚5岁,就特别爱问问题,上至天文地理,下至人文科学,孩子没有不问的,很多时候她让孩子问得面红耳赤不知该怎么回答,就推女儿去问爸爸,结果把爸爸也给难住了。

这位妈妈现在非常苦恼,说想起女儿来就头疼,觉得她太难缠了。

这又是一位拥有天才女儿却不自知的妈妈。她的女儿爱问问题,这是件多么好的事情啊,孩子在五六岁时,由于视线从她自己身上开始向外界扩展,关注点由她自己向身边的人和事延伸,她太想了解身边的这个世界了,因此,她的求知欲会呈几何状地翻涨,她会成为问题大王,永远会有问不完的问题。

有问题问,说明她有了自己的思考,这是孩子获知这个世界的一个途径,而由于这时的孩子跟爸爸妈妈相处得最多,因此,她常常会把他们当作最佳的解答问题的人选。

可据我了解,有很多的父母在这种时候会斥责孩子问题太多,尤其是当孩子的问题让父母为难的时候,孩子得到的回答通常是,"去去,一边去",或者是,"去去去,看电视去,别在这儿烦我。"

这种做法对孩子的成长是非常不利的,孩子有问题说明他渴望求知,这是一种积极的行为,父母不能因为自己烦,或者不知道孩子问题的答案便用消极的行为来面对孩子。

针对孩子的问题,父母首先要做到耐心、细心、用心,如果你了解,你可以用孩子能够理解的语言给他解释,如果你不懂,你可以说,"宝宝,这个问题妈妈还真是不太了解,走,我们去看看书,在书里找找答案。"

这种做法既可以满足孩子求知的欲望,又可以通过看书这种方式,培养孩子自己学习的兴趣。很多孩子小小年纪就爱上读书,刚开始就是因为要寻找问题的答案才去翻书的。

父母要懂得在孩子面前回答不出问题来,这件事情也不丢人,你不是希望孩子比你强吗?如果你因为被孩子问倒而发脾气,那就太没有做父母的风度和胸怀了。

最好的做法是,父母在孩子长大之前就开始做准备,多读一些天文地理、人文科学的书,有条件最好把大不列颠全英百科全书看看,哪怕掌握点皮毛估计也够应付一阵儿了。

孩子的求知欲和他的创新能力可能成正比,小的时候就爱打破砂锅问到底的孩子,长大了一般都会从事一些技术性比较强,需要钻研精神的工作。

保护孩子的求知欲跟保护他的眼睛一样重要,因为这是他学习的动力,那些长大以后对学习没啥动力,小小年纪便有厌学情绪的孩子,或多或少都在幼儿期求知欲特别旺盛的时候,没有得到满足,这一点在许多父母因为孩子学习困难来咨询的时候都得到过证实。

在我看来，孩子的破坏欲、求知欲都是他们身上最珍贵的特质，需要父母用心去呵护与引导。孩子的智力开发与学习能力，可能都会在他还是幼儿的时候就要开始培养了。

在这里我要郑重建议年轻的父母，不要自己图省事就把孩子扔给老人带，这对孩子的智力发育和习惯培养都没有什么好处。

老人带孩子一般就是让他衣食温饱，不磕着碰着就算完成任务了。可现在许多老人文化素质偏低，本身就有很多不好的生活习惯，孩子在他们身边，首先是很难养成有规律的科学的生活习惯，其次，也会因为老人的溺爱、娇宠而变得个性异常。

老人因为隔辈亲，又不太懂什么科学的育儿知识，常常凭本能和经验来带孩子，不能很好地满足孩子的求知欲。

父母们应该算一算这样的账，把孩子交给老人，看上去省了很多心，省了很多钱，但这其实都阻碍了孩子的发展，因为孩子的个性、习惯是多少金钱也买不回来的。

很多跟着祖父母长大的孩子，到了入学的年龄回到父母身边，都有很严重的不适应症，比如在爷爷奶奶家可以不洗脚、不洗脸就上床睡觉，但在自己家不可以，在姥姥家想睡到几点就睡到几点，而在自己家要起来上学，放学要回来写作业，这些都有可能让孩子对上学产生抵触作用，甚至产生厌学情绪。

还有老人大多处于退休状态，对人生也没什么规划，对未来也缺少目标，老人松松垮垮的生活节奏会严重影响孩子的心智发育，跟老人待久了，他就会觉得这样比较舒服、放松，回到爸爸妈妈家，爸爸妈妈因为年轻有许多追求，生活节奏就要快很多，孩子可能会因而不适应，如果再没有好的沟通习惯，亲子关系可能就会为此而紧张。

孩子一般在 6 岁以前是跟父母建立亲密感的最好时期，有的父母会把孩子扔给老人，一直到孩子上小学才接回自己家中。这时候孩子已经失去跟父母建立亲密感的最佳时期，常常会跟父母产生情感隔阂，这种隔阂一旦形成，就有可能是终生的，后天再怎么弥补都解决不了这个问题。所以很多父母会在这个时候后悔当初让孩子跟着老人度过童年。

由于老人大多数能力有限，照顾孩子的饮食起居已经很劳累，常常会没有精力去回答孩子的问题，而且老人的语言方式跟孩子的语言方式有一定的差距。心理学家们早就发现，跟着老人长大的孩子，语言能力通常比跟父母在一起的孩子要差一些，这是因为老人一般跟孩子沟通、互动的频率远远低于跟着父母的孩子，因此，也会使孩子的语言能力的发育受阻。而且在我所住的小区，我已经不止一次听到老人在带孩子时满口粗话，不堪入耳。我想这对孩子来说都是特别不好的影响。

孩子是父母的责任，尽管生活中有各种各样的困难，父母还是应该尽量克服困难，把孩子带在身边，亲身见证孩子一点一滴的成长，这也正是为人父母者的快乐所在。

想让孩子保持勇于尝试、敢于创新的品格，父母要做到宽容与包容，容忍孩子做一些出格的事情，只要安全、健康就可以。

我的哥哥小时候是个特别聪明的男孩，他的好奇心特别强，尤其是对机械的东西，家里的钟表、自行车都是他拆卸的对象。后来他迷上了无线电，爸爸最喜欢的，也是全家最值钱的家电——一台"美多"牌收音机被他给拆了，为此，爸爸狠揍了他一顿。

刚开始他很多东西拆了都装不起来，因此就屡屡挨揍，后来他经验娴熟了，拆开的收音机一会儿就给装了起来，凭着这个本事，他10岁的时候就用无线电元件焊接了一台小收音机，我至今记得当那台看上去只有一个喇叭的收音机真的发出声音时所带给我们的惊喜。

12 岁时，他用买来的零件焊接了一台黑白电视机，虽然只有一个显示屏，而且还不太清晰，但还是让我们看上了当时最火的电视剧《霍元甲》。

他后来虽然没有读很多书，但也做了技工，属于做什么像什么的那种人。

我现在想，如果我们当时明白，孩子的破坏力与他的创造力是同等重要的，我哥哥也许会成为研究无线电的专家也不一定，只是那时的人们忙于衣食温饱，无暇顾及孩子的成长。我的父母也不例外。

所以，就像那首歌里唱到的，"现在的孩子赶上了好时候"。我们不仅有了富足的物质生活，还有更系统、更科学的育儿方法，这对现在的孩子来说是福音，对现在的父母来说也是一种大好的事情。

（二）如何培养孩子的创造力？

想要培养孩子的创造力，首先要保护孩子的"破坏力"，要观察孩子对什么东西感兴趣，有的孩子对电动玩具感兴趣，一定要拆开看才肯罢休，这说明他在思考，在尝试，是一件好事情，父母千万不要为了这样的事去斥责孩子，孩子对未知的事物有好奇心，说明他喜欢动脑子，而善于动脑子的孩子一定是聪明孩子，父母应该给孩子机会满足他的好奇心。

思考力常常是孩子创造力的源泉，也是创新能力的基础，父母可以先从训练孩子的思考力入手，做到以下几点：

①考虑问题可以打破常规，跳出定式思维

父母应该鼓励孩子用灵活的思维方式考虑问题，不局限于固定的思维方式，孩子的思维方式在某种程度上要比成年人灵活很多，因为他没有很多条条框框的限制，也没有很多现实的考虑，因此，他们对问题的理解常常是跳跃式的，出其不意的，有时候，他们的想法在大人听来也许有些稀奇古怪，但这也正是孩子的灵光闪现。

遇上这种情况，父母一定不要着急用自己的思维模式去界定孩子的想法，或者干脆说孩子胡说八道，一定要懂得维护孩子的创新能力，首先表示支持他的想法，然后，再来跟他分析他的想法的可行性。

受到鼓励的孩子会不断拓展他的创新能力，父母还应该支持孩子勇于尝试。勇于尝试让他对任何事情都保持一颗好奇心，尝试会不断地给他带来不一样的生活体验，这对锻炼孩子的胆量，提高他的探索精神都是一种非常有价值的事情。

现在全世界都在说中国人缺乏创新精神，但他们也承认中国人很聪明，只是我们的孩子从小缺乏创新意识的培养与引导。今天的孩子便是明日的未来，我觉得对于中国人来说，这是个很重要的问题，不能再忽视下去了。这关系到中国在世界上的竞争力的问题，什么时候中国从世界工厂的制造地位转换成世界创意基地，中国就赢了。

我也认为不是我们的孩子不聪明，而是我们的父母不够智慧。我在很多场合都看到跃跃欲试的孩子，他们对未知的事物感到好奇，想要去尝试，但都被父母以"危险"，或"不安全"为名给限制住了，这样的管教多了，孩子的好奇心也就自然消失殆尽。所以父母只为他的孩子很乖、听话而感到骄傲，却不知道有可能把一个"天才"扼杀在摇篮里。

在保障孩子的安全的前提下，放手让孩子去尝试与众不同的东西，去挑战他感到有兴趣的东西，这是保护孩子的好奇心的特别有意义的做法。

孩子的好奇心就是他的求知欲，很多孩子会为了满足自己的好奇心去学习，去钻研，这是孩子长大后保持好的学习兴趣的关键所在。很多父母感觉孩子大了以后不喜欢学习，实际上没有天生不喜欢学习的孩子，只是有的孩子的好奇心、求知欲在他小的时候没有得到好好保护，等到长大以后他就对学习失去了兴趣，这其中的责任大多在父母身上。

因此，支持孩子打破常规，勇于尝试，是保护他的创新能力的很好的方法。

②鼓励孩子用发散性思维考虑问题

发散性思维，是一种非常灵活的思维方式，它主要是指以一个目标为中心，让思维不依常规，不拘一格地向四面扩展，沿着不同的方向、不同的角度寻找解决方法的思路。

孩子的思维因为大多数是跳跃式的、片断式的，因为，孩子大多数是用发散性思维考虑问题，这对他们来说是一种很好的特质，我们有时感到孩子的思维特别敏捷，他们说的话常常一针见血，所谓"童言无忌"，正是因为他们的这种发散性思维，常常会因为可以跳出问题的本身而把问题看得更清楚。

发散性思维会让孩子同时跨越好几个领域考虑问题，因而，他们的言谈举止有时会非常可爱，有一种童真。但有很多父母对孩子的这种童真并不认同，他们总希望孩子能够更成熟一些，考虑问题的方式更接近父母一些，这对孩子来说是件特别不公平的事情。

我一直坚持孩子就应该有孩子的样，天真也好，烦躁也罢，属于他们的童真也就那么几年，为什么一定要他们学大人的模样，小小的孩子非要正襟危坐，眼观六路，耳听八方呢。我无法接受的是

"小大人"，有时候去学校讲课，老师选了几个孩子搞接待，我对这些总是规规矩矩、蹑手蹑脚的孩子总感到有些不太舒服，总要逗他们说几句孩子气的话，让他们显示一下孩子的年龄才觉得心安。

所以，父母要保护孩子的发散性思维，支持属于他们的思维方式，艺术家、大发明家，那些特聪明的人，一般都具有发散性思维，这也是他们一把年纪却看上去那么有童真的根本原因。

发散性思维让人保持活跃的想法，它可以经常从这个领域跨界到另外的领域，也可以从看似不相关的事物上受到启示，这样才能产生新的设想。

有创造力的人常常是用发散性思维思考，这是一种保持创新能力的品质。

③鼓励孩子经常用一些逆向思维的思考方式

逆向思维主要就是学会摆脱习惯性思维的方式，将思路改变到与原来相反方向的一种思维方式，也就是遇上问题让孩子学会"反过来想想"。

逆向思维是保持创新能力的一个很重要的思维方式，它最大的特点就是追求不同的思路，平时我们大多数人都习惯正向思维，这导致我们很多时候都是墨守成规，或者重复别人，或者重复自己。

而逆向思维会让你打破一贯的思路，从问题的对面寻找出路，这样常常会找出与众不同的思路来，搞出有新意的创意。

孩子的思维因为没有定式，因此非常适合引导，遇上问题启发孩子从不同角度考虑解决方法，是最好的锻炼孩子创新思维的方式。

④保护好孩子的想象力

在孩子的成长过程中，想象力比知识的积累更重要，因为知识的吸纳常常是被动的，而想象力则是主动的创造力的体现。

孩子的想象力是他创新能力的源泉，它不仅能够开发孩子的智力，还可以提高孩子的学习兴趣，父母要给孩子足够的空间让他展开他的想象力，千万不要在孩子向你描述他的想象时不屑一顾，或者漫不经心，要知道这可能是他将来成为某个领域的大师的开端。

孩子自身就是一个小宇宙，蕴含着不可知的能量，谁也不知道在哪个孩子身上潜藏着奇迹。那些今天被我们称作大师的人，有着和我们的孩子一样的童年，天真、烂漫，有无穷无尽的问题，和无所畏惧的尝试，而不同的是他们父母的教养方式。

有一项调查数据显示，那些成年以后颇显创造力与创新能力的成功的人，大多有一双宽容的父母，尽管他们可能有的只是个普通的农民，但是，他们却尽可能地给了孩子自由成长的空间，这种"放养式"的成长，因而成就了那些杰出的人。

我希望父母们懂得，从现在开始培养孩子的创新力，让孩子养成勇于尝试，敢于创新的品格，就是在保护中华民族的未来，保护中国在未来世界上的竞争力。

一个民族想要延续下去必须具备创新能力，一个国家想要强大更加需要创造力。给孩子一些空间，尊重孩子的成长，是父母的职责，更是父母的选择。

有些时候孩子身上本来就有一些闪光的特质，父母要做的是让这些闪光的特质，汇聚成孩子成长的能量，让孩子的人生充满了爆发的可能，这样的人生即使没有成功，至少也不会留下遗憾了。

品格教育对孩子来说是人格的教育灵魂的教育，也是让孩子一生受益的教育。父母越早明白及时对孩子进行品格教育的价值，就会越早地收获孩子优秀的品格。

人的一生，简单的是生存，重要的是生活，高技能可能会带来不错的生存能力，而低品格却会让生活品质很糟。你的孩子缺少了坚强、缺少了担当、缺少了制约、缺少了仁慈和善良这些品格,注定不会拥有高品质的人生。

我会对拥有高技能的孩子说:祝你成功!却会对拥有高尚的品格的孩子说:感谢你,孩子,作为一个社会的人,你已经成功了!

品格教育跟技能教育并不矛盾,如果你的孩子既拥有优秀的品格,又具备精湛的技能,那他是完美的,我期待我们的孩子都是完美的,就像父母期待他们的孩子。完美不是结果,是一个方向,方向找对了,大概孩子的人生距幸福就不远了,让我们跟孩子一起努力吧。

孩子的明天不在别人手里,就在父母的手里,牵着孩子,一起走吧!

后 记

曾几何时,一句"别让孩子输在起跑线上"让许多中国父母陷入了焦虑,尤其在孩子生存技能的培养上。

近几年教育方法另类、教育风格夸张的父母层出不穷。前有美国"虎妈"对女儿成才的"压迫"和"叫嚣",后有"三天一顿打,儿女进北大"的所谓教子有方的中国"狼爸",最近又有一位让年幼的儿子在雪地里裸奔,而自称"鹰爸"的年轻父亲几乎在一夜间获得关注。教育孩子的问题从来没有像现在这样引起了所有人的重视,而子女的成长,成才也从来没有像现在这样让所有的为人父母者为之关注、焦虑,甚至茫然。

孩子是正在成长的事物,他承载了整个社会乃至整个民族的未来与希望,也是每个家庭是否幸福与快乐的风向标。可纵观目前中国社会流行的有关教育孩子的理论与观念,普遍存在着一种特别功利与实用主义的价值观,那就是评价一个家长对孩子教育是否成功,总要以这个孩子是否进了名校,是否获得了很高的学历,是否进入了世界知名的企业,得到了什么样的职位为原则,好像只有这样的孩子才是成功的,而只有这样的家长才是最会教育孩子的,以至于"狼爸"在著书立说以后,已经开始有家长把孩子送上门来让他实施他的"棍棒教育",期待自己的孩子让"狼爸"打进北大,这是多么可怕而又现实的一种选择，这样的孩子即使进了北大你又期望他成为什么样的人才？这是一个不难有答案的问题。

在我看来，教育孩子是一个系统的过程，它不能过于功利与现实，孩子的生存技能固然重要，可缺失了健全的人格，没有养成良好的品质，缺乏与社会和人群和谐相处的能力，这样的孩子成长起来，即使拥有了别人无法企及的高学历、高技能，注定也不会快乐，更很难找到幸福，甚至最终会成为一个失败的人，这样的例子在生活中并不少见。所以教育的成功不仅仅在于孩子头顶上的那些光环，还在于孩子内心深处的那些思考与选择的能力，包括他的品德与价值观，而这些只有在重视了孩子的品格教育，并且在孩子的成长教育中始终把对孩子的品格教育放在第一位，才能够有所收获，这是许多成功的人的成长经历告诉我们的经验。

当然，像所有的教育方式一样，品格教育也有它的方法，本书正是从如何对孩子进行品格教育入手，介绍了一系列如何让孩子养成好的品格，建立优秀的人格与品质的方法，它适合所有的父母阅读，尤其适合低龄孩子的父母，因为在孩子的成长过程当中，对孩子的品格教育开始得越早，孩子的成长就会越顺利，孩子成长为德才兼备的人的可能性就越大。

在每个家庭都在追求孩子的教育成功的当下，如何让孩子成为一个品格优秀的人显然更符合主流的价值观，所以在许多家庭为了让孩子别输在起跑线上，把孩子送去进行各种各样的技能培训的今天，我更加赞成这样的教育理念："别让孩子输在品格上。"

也许有的父母会问，如此之多的品格培养，我们该着重哪一些呢？在我看来品格教育是质量大于数量的培养艺术，书中的这些品格养成，如果你的孩子养成其中的一部分，我认为你的教育就已经很成功了。

谨把此书献给所有希望孩子健康、幸福、快乐的父母。

2012 年 10 月完稿于北京亚运村

图书在版编目（CIP）数据

别让孩子输在品格上/于秀著. ——北京：新世界出版社，2012.11
ISBN 978 - 7 - 5104 - 3518 - 8

Ⅰ. ①别… Ⅱ. ①于… Ⅲ. ①品德教育 - 儿童教育 - 家庭教育
Ⅳ. ①G78

中国版本图书馆 CIP 数据核字（2012）第 253387 号

别让孩子输在品格上

策　　划：李　锋　　作　　者：于　秀
责任编辑：刘丽刚　　特约编辑：靳丽霞　　于建梅
责任印制：李一鸣　　马正琴
出版发行：新世界出版社
社　　址：北京西城区百万庄大街 24 号（100037）
发 行 部：(010) 6899 5968　(010) 6899 8733（传真）
总 编 室：(010) 6899 5424　(010) 6832 6679（传真）
http：//www.nwp.cn
http：//www.newworld-press.com
版权部：+8610 6899 6306
版权部电子信箱：frank@nwp.com.cn
印刷：北京天正元印务有限公司
经销：新华书店
开本：660mm×960mm　1/16
字数：150 千字　　印张：12.5
版次：2013 年 2 月第 1 版　2013 年 2 月第 1 次印刷
书号：ISBN 978 - 7 - 5104 - 3518 - 8
定价：25.00 元

版权所有，侵权必究

凡购本社图书，如有缺页、倒页、脱页等印装错误，可随时退换。
客服电话：(010) 6899 8638